中・上級日本語教科書
日本への招待

For Pre-Advanced and Advanced Learners of Japanese
Images of Japan

【テキスト】

東京大学AIKOM日本語プログラム
近藤安月子・丸山千歌 [編]

KONDOH Atsuko and MARUYAMA Chika, ABROAD IN KOMABA
The University of Tokyo

東京大学出版会
University of Tokyo Press

For Pre-Advanced and Advanced Learners of Japanese
Images of Japan
Text
KONDOH Atsuko and MARUYAMA Chika,
ABROAD IN KOMABA, The University of Tokyo
University of Tokyo Press, 2001
ISBN4-13-082005-2

はしがき

　この教科書は、1995 年 10 月に発足した東京大学教養学部短期交換留学プログラム（ABROAD IN KOMABA、通称 AIKOM）の日本語コースで使用する中・上級レベルの主教材として開発されました。私どもの日本語コースは 3 レベルで、文化背景、言語背景、日本語習熟度などが異なる学習者に対応することが求められます。10 ヵ月という短期間で学習者の日本語習得への期待にも、多様な関心にも応えうる教材が必要でした。

　AIKOM の留学生のニーズ調査から中級以上の学習者の多くが日本語の授業に日本社会の情報を期待していることが分かりました。そこでこの学習者のニーズに配慮し、日本語コースとの同時開講の専門科目である「日本社会分析」の講義内容と関連させ、効率的でより高度な上級への橋渡しになりうる中・上級の日本語授業の可能性を模索した結果、この教科書が生まれました。

　内容は、「現代日本社会の多様化」を中心テーマに据えて編纂してあります。現在、日本社会はそのいろいろな側面において多様化を経験していますが、この教科書は、その社会の構成員に光をあてました。子どもをとりまく環境、女性の生き方、若者の価値観、組織の中での個人のあり方、日本国内の外国人などです。1995 年からの 5 年間の試用経験から、この教科書に収められた多様化する現代日本社会の情報の数々と問題提起は、広く日本語の中・上級レベルの学習者の知的好奇心に応えつつ日本語学習を効果的に促しうるものであるという確信に至りました。

　この教科書の使用により想定される学習効果としては、知的刺激の質と量が一定水準を保つこと、既得情報から出発し、日本語教材からさまざまな情報を入手して、そこから発信する言語活動に必要な技術の訓練を可能にすること、テーマに関連して同じ語彙・表現に繰り返しふれることで学習者の語彙の習得が促されることなどがあります。

　対象とする学習者は、中級修了から上級前半程度の成人学習者です。この教科書の使用が効果的であろうと想定される教育環境は、広く考えられます。第一は、学習者の共通語、つまり英語などによる専門科目が開講されている大学での中・上級レベルの主教材としての使用です。これには、AIKOM などの短期留学プログラム、海外の大学の日本語プログラムなどがあたります。第二は、学部留学生に対して日英両語で授業を開講している国内の大学の中・上級レベルの主教材としての使用です。そして、第三は、学部留学生の速読・多読用教材としての使用です。また、その他に、日本社会に関心のある社会人学習者にもお使いいただけると思います。

　この教科書が中・上級学習者の知的好奇心を刺激し、学習動機を高めることの一助となることができれば、幸せに思います。

目次
もくじ

この教科書で学習するみなさんへ

教科書のねらい

　この教科書は中・上級の日本語教科書です。日本語を学ぶみなさんが関心のある日本の現代社会について、さまざまな角度から情報を得て、話したり考えたりします。そしてそれをもとにして、自分の意見を日本語で述べたり書いたりします。みなさんが毎日見たり聞いたりして体験する日本のいろいろな側面を、この教科書からも体験してください。

教科書の構成

　この教科書は『テキスト』『予習シート・語彙・文型』と『CD』があります。『テキスト』には考えるためのいろいろな資料が入っています。『予習シート・語彙・文型』には、資料を理解するために必要な語彙のリストと文型・表現練習、予習のためのタスクなどがあります。『CD』には『テキスト』の読みものが入っています。

テキスト

1. 全体の構成

　テーマは、日本社会で暮らす人々の視点を中心に選びました。まず「はじめに」を読んでください。テーマ1から6は、どのテーマから始めてもだいじょうぶです。おもしろそうなものから始めてください。最後に「おわりに」を読んでください。

　　　はじめに　　ステレオタイプへの挑戦──イメージの日本・日本人
　　　テーマ1　　女性の生き方
　　　テーマ2　　変わる教育
　　　テーマ3　　若者の感性
　　　テーマ4　　仕事への意識
　　　テーマ5　　日本の外国人
　　　テーマ6　　豊かさの意味
　　　おわりに　　ステレオタイプを超えて──多様化する日本・日本人

2. 各テーマの構成

　各テーマは、次の3つの部分に分かれています。

　　1）知っていることを話そう

　　　資料を読む前に、みなさんが知っていることをキーワードやグラフを使って話

してください。

2）ここから 考えよう

テーマについての資料があります。資料の予習には、『予習シート・語彙・文型』の予習シートを使ってください。資料は、漢字の読み方の「フリガナあり」と「フリガナなし」があります。みなさんの漢字の 力 に合わせて使ってください。

3）話そう・書こう

いろいろな資料から分かった 情報を整理して、自分の意見をまとめましょう。

予習シート・語彙・文型

1. 予習シート

それぞれの資料に予習のためのタスクがあります。これができると、その資料のだいたいの内容が分かります。

2. 語彙

資料を読むための語彙リストが入っています。語彙は、アイウエオ順になっています。分からなくなったときにいつでも辞書のように調べられます。特に 中・上 級 の日本語学習に役に立つことばに次のようなしるしをつけました。

　　＊＊　話す・書くのに必要な語彙(書けなくてはいけない語彙)

　　　＊　聞く・読むのに便利な語彙(聞いたり読んだりするときに意味が分かったほうがいい語彙)

語彙と文型につけた [　] の数字は、テキストの読みものの段落番号です(イラストやグラフは[図]と示します)。どこではじめてでてきたか分かります。

3. 文型

それぞれの資料から、中・上 級 レベルの学 習 者のみなさんが使えると便利な文型があります。その文型を使って文を作る練習をしてください。文型によっては、形の作りかたや使いかたのヒントを書いた「ひとくちメモ」があります。また、使えると便利な 表 現もあります。

4. 語彙索引、文型索引

巻末に語彙と文型の索引があります。

CD

各テーマの資料を読んだ CD があります。『テキスト』に入ってる資料の読みものの録音です。日本語の自然なリズムや 表 現豊かなイントネーションを聞いてください。

To the student

§ Objectives of the Textbook

This textbook is aimed at learners of pre-advanced and advanced Japanese interested in modern Japanese society. The material included has been selected to reflect Japan's diversity, and encourages you to engage with a variety of issues.

§ Organization of the Textbook

The textbook is composed of "Texts", "Preparation notes, Vocabulary & Sentence Patterns" and three CDs.

Texts:
Please read the "Introduction" first and "In Conclusion" last. Themes 1–6 can be studied in any order.

Introduction	Challenging Stereotypes: Images of Japan and Japanese people
Theme 1	Women's lifestyles
Theme 2	The Educations system undergoing change
Theme 3	Youth sensibilities
Theme 4	Attitudes toward work
Theme 5	Foreigners in Japan
Theme 6	The Meaning of affluence
In Conclusion	Overcoming Stereotypes: Diversifying Japan and Japanese people

Each thematic section is composed of 3 subsections:
Prereading discussion: Use the keywords and graphs to discuss the themes.
Considering the issues: Select and read either the plain text, or furigana text. Complete the exercises and tasks.
Discussion and Composition: Use the information to discuss your opinions.

Preparation notes, Vocabulary & Sentence Patterns:
Preparation notes: Complete the tasks and exercises to understand the text.
Vocabulary: Vocabulary is listed in Japanese syllabry. Intermediate and advanced level vocabulary is marked as:
 ** Necessary for speaking and writing
 * Adequate for listening and reading
Sentence Patterns and Phrases: Contains grammatical information. The "one point memo" gives handy hints on patterns.
Index: Vocabulary and sentence patterns are indexed.

CDs:
Contain readings of each text. Use the CD to listen to the rhythm and intonation of everyday Japanese.

この教科書をお使いになる先生方へ

教科書のねらい

　本書は、日本語の中・上級レベルの学習のために必要な情報を整理し、そこから学習者が日本語で自ら発信する技術を養成することをねらいとしています。そのために、1つのテーマについて視点の異なる複数の資料(読み物、図、グラフなど)を提供し、それらをもとにした知的営みのために具体的な教室活動が可能になるように構成しました。

教科書のテーマ

　本書は、東京大学教養学部短期交換留学プログラム(通称 AIKOM)の留学生を対象としたニーズ分析の結果から日本語コースとの同時開講の専門科目である「日本社会分析」に関連付けることを試み具体的な 6 つのテーマを選定しました。

　6 つのテーマはいずれも学習者が日本語運用能力を高めながら、同時に、現代日本社会の抱える「多様化」という課題へ注意を喚起するように構成してあります。ただし、最終的にどのような個別の結論を導き出すかは学習者の自由です。どのテーマもあらかじめ決められた答えはありません。

教科書の構成

テキスト

1. 全体の構成

　「はじめに」は、学習者がすでに持っている日本社会のステレオタイプを意識化させることを目的とし、テーマ 1 から 6 の導入を行います。

　テーマ 1 から 6 は、現代の日本社会の構成員の視点を中心に選び、年少の構成員から大人へというように並べてありますが、どのような順番で始めてもかまいません。語彙は複数の資料に重複して出ています。どこから始めても語彙の提出順の問題は生じません。

　「おわりに」では、各テーマを学習したのちに再び「はじめに」に立ち戻り、学習者の日本に関する理解がどのように変わったか、あるいは変わらなかったかを確認し、その後の活動へ発展させることを目的とします。

2. 各テーマの構成と授業の流れ

　本書の扱う 6 つのテーマは、すべて現代日本社会の多様化に関連した結論を導き出すように構成されています。各テーマは大きく 3 つの部分からなります。

　　1) 知っていることを話そう

テーマの導入部分にあたり、学習者のスキーマ活性化を目的としています。学習者の国との比較などを通してキーワードを導入し、テーマによってはグラフやイラストなどを使って、本教材が扱う資料を関連付けて授業の流れを把握します。その際、テーマに関連した最終課題を与え、学習の動機付けをするのもいいかと思います。

2）ここから考えよう

各テーマについて、視点の異なる資料を複数提供します。資料は新聞、雑誌の記事、一般書、小説、新書、グラフ、イラストなどです。各資料は、予習シートがあり、資料によっては、授業で分担読解が可能になるようなタスクにしました。それぞれの資料について「誰の視点から誰を対象にして書かれているか」、「他の資料との関連はどうか」、「最終課題とどのようにかかわるか」を学習者に意識させてください。資料の情報をすべて収集した段階で3）に進みます。

3）話そう・書こう

「ステップ1」では複数の資料から得られた情報を、ディスカッションなどを通して整理します。「ステップ2」では、学習者が根拠を示しつつ自分の意見をまとめて話したり、書いたりします。この段階での議論に必要な情報は、授業の参加者全員が共有している情報ですから、活発で建設的な議論が可能になります。より深まりのある議論にするために、資料にあたる段階で、各テーマの最終課題が有機的に実現するように学習者の注意を喚起しつづけてください。話し方・書き方と関連させた授業活動も可能です。「ステップ3」では、活動の発展として、さらに理解を深めたい学習者のために、日本語と英語の参考図書を紹介しました。

3. 資料のフリガナの扱いについて

本書の対象とする学習者レベルは、漢字圏か非漢字圏の学習者かなど、学習背景によって漢字の習熟度に差が見られることがあります。本書は漢字語彙の学習歴に由来する読みの負担の差を軽減するために、すべての資料をフリガナつき、フリガナなしの2種類で提示しました。学習者が自らの漢字力に応じて、読みやすいほうを選択することで、実際の授業活動が円滑に進むことを目指し、最終的にフリガナなしを読むことへの抵抗感を少なくすることをねらいとしています。

予習シート・語彙・文型

各資料に対応した予習シート、語彙、文型、および語彙索引・文型索引があります。

1. 予習シート

学習者が予習しながら資料の大意がつかめるような設問がついています。授業では、内

容確認にも使えます。

2. 語彙

　語彙のリストは五十音順にしました。これにより読みだけではなく、話し方・書き方の活動で辞書のように利用することができます。語彙には、中・上級の日本語学習者にとって必要度が高いと思われるものに次のような印をつけました。

　　**　話す・書くのに必要な語彙(書けなくてはいけない語彙)

　　*　聞く・読むのに便利な語彙(聞いたり読んだりするときに意味が分かったほうがいい語彙)

　また、語彙と文型につけた［　］で示した数字は、テキストの読みものの段落番号です(イラストやグラフは[図]と示す)。どこで登場したか分かります。

3. 文型

　それぞれの資料から、中・上級レベルの文型を選びました。文型と意味、例文、練習問題をつけました。文型によっては、自習が可能になるように文法や使いかたのヒントを「ひとくちメモ」に簡単な日本語と英語で書きました。本書の提出順と異なる順序でテーマを扱う場合には、必要に応じて、巻末の文型索引を参照し、該当する文型練習をお使いください。学習者が使えると便利な表現もいくつか選んであります。

CD

　テキストに収めた「資料」の読みものを吹き込んだ CD がついています。日本語の自然なリズムや表現豊かなイントネーションを聞くことができます。

本書の使い方例

　本書は、集中コース、通年コースなどの目的に応じて、柔軟に授業計画が立てられます。

　1)　集中コース(1 コマ 90 分、週 5 コマ)の例

　　　1 週間 5 コマのうち、3 コマを読み方、1 コマを話し方、1 コマを書き方にあてることを基本とします。「はじめに」を 1 週間、各テーマを 2 週間、「おわりに」を 1 週間、プロジェクト・ワークを 2 週間、合計 16 週間で修了します。AIKOM で採用しているコースです。話し方の授業では、ビデオの視聴、ディスカッション、アンケート調査などを、書き方の授業では、表現技術の導入をテーマの内容と関連させて行っています。

　2)　通年コース(1 コマ 90 分、週 1 コマ)の例

　　　週 1 コマを、読みと話しを中心とした活動にあてます。1 テーマを 4~5 週間使用し、1 年間で本書を修了します。

新聞記事や一般書の特徴

　この教科書の資料のほとんどは、新聞記事や一般書などおとな向けに書かれています。このような読みものには、いろいろな特徴がありますが、そのなかでも代表的なものは次の2つです。

1.「だ・ある」文体

	です・ます文体	だ・ある文体
V	読みます	読む
	読みません	読まない
A	おもしろいです	おもしろい
	おもしろくないです おもしろくありません	おもしろくない
N／AN	本／元気 です	本／元気 だ 本／元気 である
	本／元気 ではありません	本／元気 ではない

　［例］この本は、日本語の教科書です。専門書ではありません。
　　　⇒ この本は、日本語の教科書である。専門書ではない。

2. 述語をつなぐ形──「て形」と語幹（stem）

	て形	語幹（stem）
V	読んで	読み
	読まないで	読まず(に)
A	おもしろくて	おもしろく
	おもしろくなくて	おもしろくなく
N／AN	本／元気 で	
	本／元気 ではなくて	本／元気 ではなく

　［例］この本を読んで、レポートを書いた。　⇒ この本を読み、レポートを書いた。
　　　辞書は使わないで、この本を読んだ。　⇒ 辞書は使わず(に)、この本を読んだ。

「何だろう？」

「ステレオタイプ」って何？

あなたは日本についてどのようなイメージを持っていますか。それは何か決まったイメージですか。決まったイメージのことを「ステレオタイプ」と言います。「ステレオタイプ」について考えてみましょう。

[1]「ステレオタイプ」には良い点、悪い点がありますか。

良い点	悪い点

[2]「ステレオタイプ」について読んでみましょう。

【ステレオタイプ（stereotype, 紋切り型、定型概念）とは】

ある集団全体に対する（…）人びとに受け入れられている、画一的で固定したイメージまたは観念である。それは必ずしも客観的事実に基づいているとは限らないが、人間がなんらかの対象を把握しようとする際、多少とも一般化し範疇的にとらえることもやむをえない。（…）「日本人は勤勉」「ドイツ人は科学的で合理的」ということは、極端な単純化であることは明らかである。そこでは集団を構成している個人個人の相違が見逃されてしまっている（…）。

そのようなステレオタイプに陥らないためには、対象となっている集団の構成員との具体的な接触を通して、そのユニークな個性に注目することが必要である。そして人はすべてものの考え方も生活の仕方も、また価値判断も異なっており、そのような多様性に富んでいることを積極的に評価し（…）、複眼的に自らを見直すことが大切となる。

（川端末人「ステレオタイプと偏見」石坂和夫他編『国際理解教育事典』創友社、1993年）

ある～ : a certain ～　　集団 : group　　全体 : whole, as a whole　　受け入れる : accept　　画一的（な）: unified　　固定（する）: fix　　観念 : concepts, ideas　　必ずしも～ない : not necessarily　　客観的（な）: objective　　事実 : the fact　　～に基づく : be based on ～　　～とは限らない : be not necessarily the case that ～　　人間 : human being, man　　対象 : subject, target　　把握（する）: grasp　　～際 : when, in case that ～　　多少とも : a little, somewhat　　一般化（する）: generalization ⟨generalize⟩

1)「ステレオタイプ」とは何ですか。

2)「ステレオタイプ」はどうして必要_{ひつよう}ですか。

3)「ステレオタイプ」にはどのような問題がありますか。

4)「ステレオタイプ」の悪い点を解決_{かいけつ}していくためにはどうしたらいいですか。

範疇的(な)_{はんちゅうてき}：categorical　　とらえる：catch, understand, grasp　　やむをえない：inevitable, unavoidable　勤勉(な)_{きんべん}：diligent　　科学的(な)_{かがくてき}：scientific　　合理的(な)_{ごうりてき}：rational, reasonable　　極端(な)_{きょくたん}：extreme　　単純化(する)_{たんじゅんか}：simplification〈simplify〉　　明らか_{あき}：evident, ovbious　　構成(する)_{こうせい}：construction, composition〈construct, compose〉　　個人個人_{こじんこじん}：each individual　　相違_{そうい}：ちがい　　見逃す_{みのが}：let escape, overlook　　～に陥る_{おちい}：fall into ～　　具体的(な)_{ぐたいてき}：concrete　　接触(する)_{せっしょく}：contact〈contact〉　　ユニーク(な)：unique　　個性_{こせい}：personality, individuality　　～に注目する_{ちゅうもく}：pay attention to ～　　価値判断_{かちはんだん}：value judgement　　異なる_{こと}：different　　多様性_{たようせい}：diversities　　～に富む_と：be full of ～　　積極的(な)_{せっきょくてき}：positive, active, progressive　　評価(する)_{ひょうか}：evaluation〈evaluate〉　　複眼的(な)_{ふくがんてき}：with a compound eye, いろいろな見方で　　自ら_{みずか}：by oneself　　見直す_{みなお}：look over, look again

「日本」「日本人」のイメージは？

[1] 次の絵や写真を見てください。あなたの「日本」「日本人」のイメージと同じものは
ありますか。

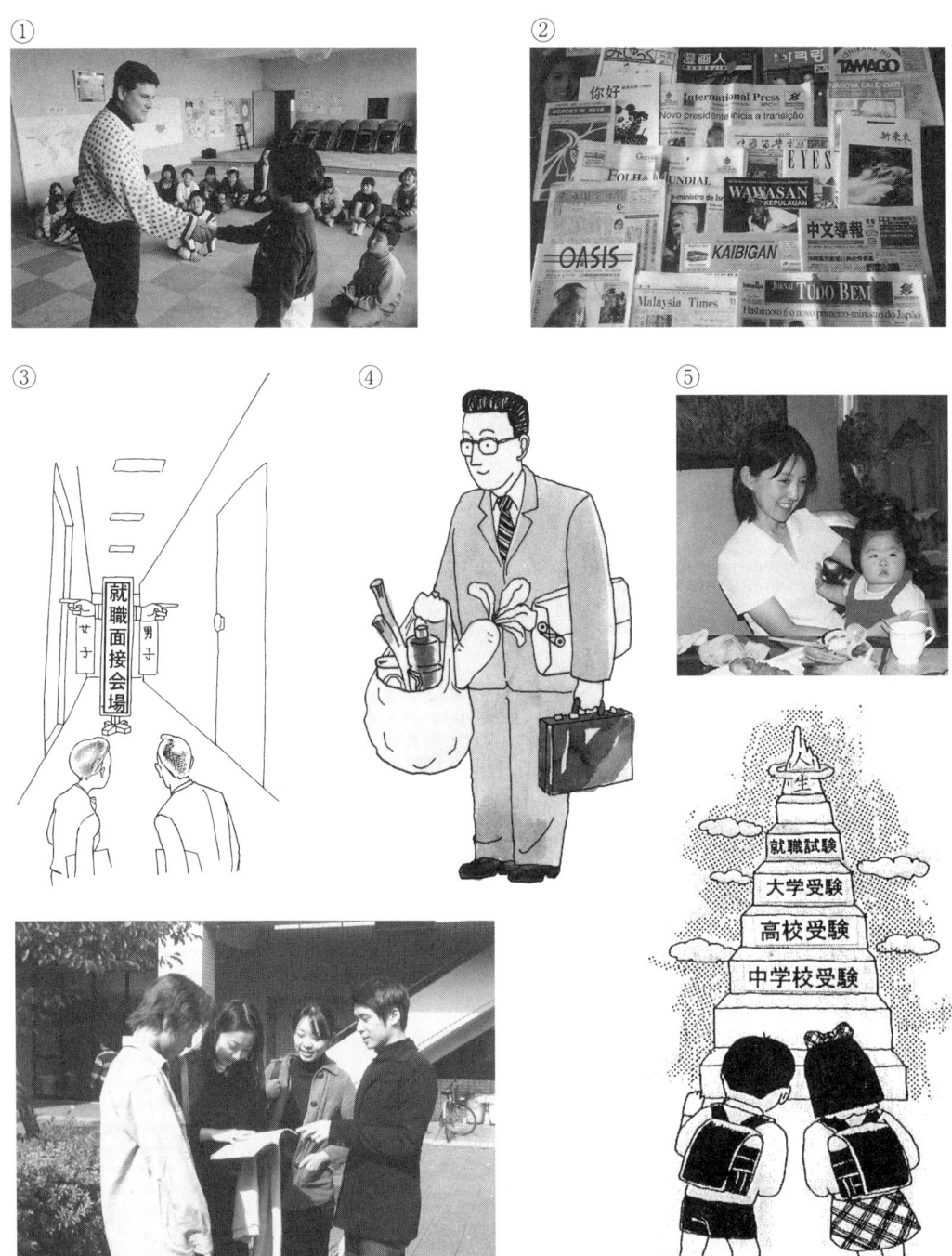

[2] 絵や写真の他に，あなたの「日本」「日本人」のイメージと合うものを探してみましょう。それをことばで表現してみましょう。

この教科書のテーマとあなたのイメージ

[1] あなたが選んだ絵や写真は、次のどのことばと関係がありますか。絵や写真の番号をことばの右に書いてください。

イラスト番号

子ども　　……　_____

若者　　　……　_____

女性・男性　……　_____

社会人　　……　_____

外国人　　……　_____

日本社会全体　……　_____

日本社会
女性　　社会人
子ども
外国人　　若者
男性

[2] 絵や写真とことばを組み合わせて、どんなことがイメージできますか。文にしてみましょう。

この教科書のテーマ

女性・男性　_____。　➡ テーマ1　女性の生き方

子ども　　_____。　➡ テーマ2　変わる教育

若者　　　_____。　➡ テーマ3　若者の感性

社会人　　_____。　➡ テーマ4　仕事への意識

外国人　　_____。　➡ テーマ5　日本の外国人

日本社会全体　_____。　➡ テーマ6　豊かさの意味

　あなたの持っている「日本」「日本人」のイメージを、この教科書で日本語を勉強しながら、主体的に、いろいろな面から見直してみましょう。そして、新しい「日本」「日本人」を探しましょう。

〜に関係がある：be related to 〜　　若者：the youth　女性：female　男性：male　社会人：full-fledged member of society　組み合わせ：assortment, matching　教育：education　感性：sensitivity, sensibility　主体的(な)：independent, on one's own initiative　〜面から：from the viewpoint of 〜　見直す：take another look at

女性の生き方

「ぜんぶできる？」

キーワード

女性の意識、社会進出
じょせい　いしき　しゃかいしんしゅつ
差別(男女差別、就職差別、職場での差別)
さべつ　だんじょさべつ　しゅうしょくさべつ　しょくば　　　さべつ
少子化、高齢化社会
しょうしか　こうれいかしゃかい
専業主婦、共働き、家事の負担
せんぎょうしゅふ　ともばたらき　　　かじ　ふたん
子育て、子どもの教育(しつけ)
こそだ　こ　　　　きょういく

知っていることを話そう
キーワードを使って
知っている情報を整理しよう

[1] 「男らしく」とか「女らしく」ということばを聞いたことがありますか。そのことば
はどういう意味ですか。

[2] あなたは、「男らしくない」とか「女らしくない」ということばをだれかに言ったこ
とがありますか。また、だれかに言われたことがありますか。それはどのようなと
きでしたか。

[3] あなたの国では、家の中と家の外で、男の人と女の人の役割が違いますか。
1）むかしはどうでしたか。

2）今はどうですか。

[4] あなたの国では、そうじ、せんたく、料理や子どものしつけは、だれがしますか。父
親ですか、母親ですか。

[5] 日本ではどうでしょうか。
1）むかしはだれがしていたと思いますか。

2）今はだれがしていると思いますか。

[6] 今、男性と女性は平等でしょうか。「男女の平等」というのはどのようなことでしょ
うか。

ここから考えよう ◆ もっと情報を集めよう

次の資料から日本の女性の生活について、いろいろな情報を読みとりましょう。
つぎ　しりょう　　　　　　　　　　　　　　せいかつ　　　　　　　　　　　　　じょうほう

- 資料—1　働く女性の生活(イラスト)
　　　　　はたら　じょせい　せいかつ

- 資料—2　私たちの選択(書きおろし)
　　　　　わたし　　　せんたく　か

- 資料—3　女性と少子化(グラフ)
　　　　　じょせい　しょうしか

- 資料—4　新しい社会の平等とは(新聞社説)
　　　　　あたら　　しゃかい　びょうどう　　しんぶんしゃせつ

- 資料—5　子どものしつけ(新書)
　　　　　こ　　　　　　　　　しんしょ

資料—1 働く女性の生活

【イラストのメッセージは何？】

1.

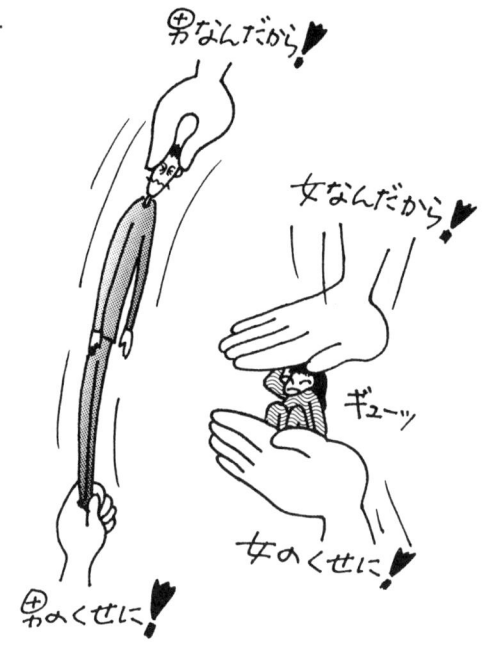

2.

3.

働く女と男の24時間

4.

5.

（『Open Sesami! ひらけごま──イラストでよむ北京世界女性会議「行動網領」』
プラウ・プロジェクト、1997 年）

資料―2　私たちの選択

● 結婚した女性が職業をもち続けることについて
けっこん　じょせい　しょくぎょう　つづ

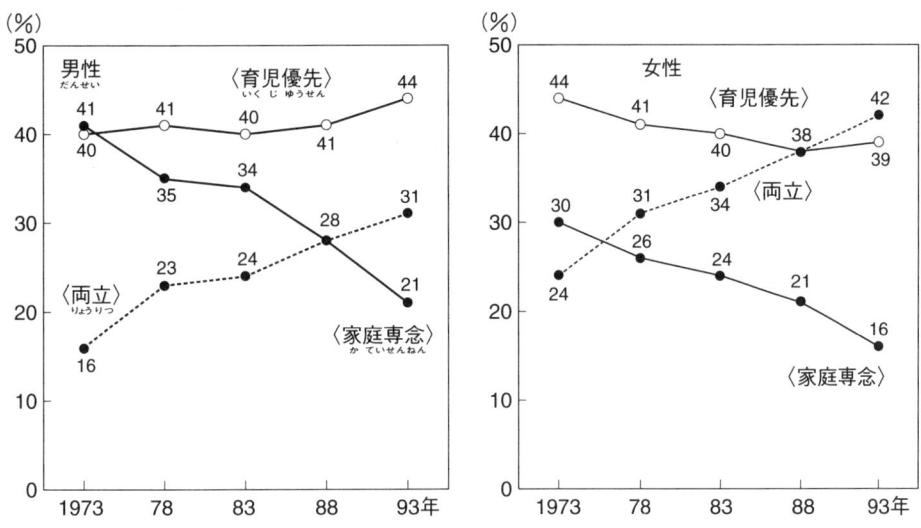

注：
- 家庭専念……結婚したら、家庭を守ることに専念したほうがよい
ちゅう　　　　　　　　　　　　　　　　　　　まも
- 育児優先……結婚しても子どもができるまでは、職業をもっていたほうがよい
- 両立…………結婚して子どもが生まれても、できるだけ職業をもち続けたほうがよい

（NHK放送文化研究所「日本の意識調査」1993年より作成）
ほうそうぶんかけんきゅうじょ　　　にほん　いしきちょうさ　　　　　　ねん　　さくせい

● 高度成長期およびそれ以降の景気（実質経済成長率＝GNP）
こうどせいちょうき　　　　　　　　いこう　けいき　じっしつけいざいせいちょうりつ

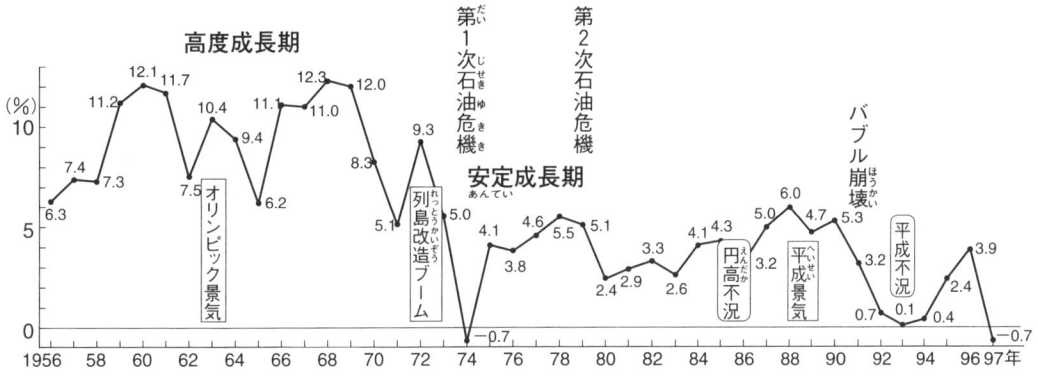

（経済企画庁「国民経済計画年報」などにより作成）
けいざいきかくちょう　こくみんけいざいけいかくねんぽう

フリガナなし

　次に紹介する4人の女性は、現在、同じ職場で仕事をしていますが、そこに至る道筋 1
は4人それぞれ違います。4人は戦後日本の4つの異なる時代に学生時代を過ごし、自分
らしい生き方を選択してきました。

　Aさんは、戦後ベビー・ブームの時代に生まれ、日本経済の高度成長期に大学生活を 2
送っています。Bさんは、高度成長期の終りの学生運動の激しい時代に大学生活を送っ
ています。Cさんは、日本経済の安定成長期に大学生活を送っています。Dさんは、日
本経済のバブル期に大学生活を送っています。

　日本の戦後55年の経済復興と成長に伴って、日本の社会も少しずつ変わってきました。 3
4人の経歴から、それぞれの日本の時代を反映した女性の生き方とメッセージを読みとっ
てみましょう。

【Aさん】 4

　戦後経済の高度成長期に学生時代を過ごしました。祖母は、「女性は自立しなくては。 5
外国へ行きなさい」と言う人でした。また、独身で仕事を持つ叔母も、「力をつけておき
なさい。そうすればチャンスがあったとき、迷わずのれるから」というのが口癖でした。

　このような身近な女性の影響で、高校生でアメリカに1年留学しました。でも、十代 6
の異文化との表面的な接触はカルチャー・ショックが大きく、逆にやや国粋的になって
帰国しました。

　大学卒業後は、就職の話もあったのですが、ごく自然に見合いで結婚しました。当時 7
は女性の社会進出が始まっていました。実際、私の同級生も、放送局、出版社、航空会
社などへ就職しましたが、私は特にしたいことがなく、身近に女性のほかの生き方の具
体的なモデルもありませんでした。ですから、結婚に迷いはありませんでした。

　専業主婦で、3人の子育てと教育に専念しました。何かしてみたいという漠然とした思 8
いはありましたが、目の前のことをひとつひとつこなしていくことも人生と考え、家
事と育児をそれなりに楽しんでいたと思います。

　子育てが一段落したころ、日本はバブル経済の時期で、日本語教育ブームでした。そ 9
のころ中国を旅行して、また異文化と接触しましたが、この接触は私にとってとても新
鮮なものでした。40を過ぎて、大学院に進み、日本語教育を専攻しました。その後、比較
的順調に仕事がみつかり、今日に至ります。年齢で損をしたと感じたことはありません。

　今振り返ってみると、何かを犠牲にしてがむしゃらに勉強したことはありません。目 10
の前のことをひとつずつこなすという生き方で、ストレスをためずにここまで来たと思

　いています。

11　　人間ですから、あせりや不安はありますが、どんな人生でも自分の選択です。何でも積極的に選んでやっているという意識が大切です。何事も経験してこそ見えてくるものがあります。子育てだって、家事だってそうです。

12　　現代は多様性を認め合う時代です。主婦も選択できる時代です。何かをやり始めれば、自分の役割には自然に順序が生じます。必要に応じて何かを切り捨て、他人の評価は気にしないことです。

13　【Bさん】

14　　大学へ進学したころは、体制に反対する学生運動の激しい時代でした。会社員の父と専業主婦の母の平均的家庭で育ち、子育てと家事で一日を終える母の生き方を見て、消極的な自分を変えたいと思うようになりました。

15　　当時、女性の社会進出は珍しくありませんでしたが、結婚までの「腰掛け就職」が普通でした。同級の女子学生の多くが、将来へ不安を抱きつつ自分の生き方を模索していました。大学で偶然耳にした講演がきっかけで、日本語教育を専攻しました。このころは、国内に日本語教育の職は少なく、日本語教師を志す者は、外国で夢を実現させるしかない時代でした。大学卒業を目前にして、「このままでは腰掛け就職しかない」という危機感を抱くようになりました。運良く、アメリカの大学で職を得ることができたのですが、これは、一人暮しの経験のない私にとって、それまでの人生最大の自立へのチャレンジでした。母とまったく違う生き方を選んだ私を一番サポートしてくれたのは、専業主婦の母でした。

16　　アメリカでの生活は、新しい経験と発見の日々でした。日本や家族のことを客観的に眺められるようになったのもこのころです。アメリカ社会で仕事を続けようと思い、大学院に進学しました。

17　　大学院修了と同時に結婚したのですが、夫の仕事の関係で住んだ町には日本語教育の仕事はありませんでした。しかたなく選んだ専業主婦の毎日にあせりを感じました。

18　　そういう気持ちのころ、日本での仕事の話があり、単身帰国しました。15年ぶりの日本はまだ男性中心の社会で、この逆カルチャー・ショックを乗り越えるのは大変でした。それから十数年、夫も帰国し、今、私は兼業主婦です。家事は自然に夫と2人でこなしています。

19　　振り返ると私の選択はいつも「変わらなくては」という危機感を伴ったチャレンジでした。あのときああしなければ……と思うこともありますが、失敗も含めてすべて私の選択です。

　今、日本の社会は、女性が男性と対等に多様な生き方を選べる時代です。若い人には　20
新しいことにチャレンジして自分の生き方の選択肢を広げてほしいと思います。

【Cさん】　21

　日本の経済が右肩上がりに成長し、女性の社会進出が進んだ時期に学生時代を過ごし、　22
社会人になりました。小中学校のころは、圧倒的に将来は結婚してお母さんになるとい
う女の子が多かったのですが、高校大学時代に入ると、仕事をして社会と関りながら生
きたいという女性の割合が大きくなりました。私の場合は、母が仕事を持っていたこと
もあり、将来は仕事を持つのだろうとなんとなくイメージしていました。

　大学卒業後、ほとんどの女性が就職しましたが、仕事の内容は男性の補助的なものが　23
ほとんどでした。私も企業に就職しましたが、やはり仕事の内容は他の女性と同じでし
た。私の「働き続けることのできる仕事」のイメージとは違っていたので、今の職業を
仕事に選びました。

　結婚後も今の職業をフルタイムとして続けていましたが、夫の海外赴任についていく　24
ことになり、一旦仕事をやめ、主婦生活を経験しました。海外での主婦生活を経験して
「これは違う！」と思うようになり、日本に戻って仕事に復帰しました。夫も協力的でし
たので、復帰後は第一線で働き続けるために、「これだから子持ちは仕事ができない」と
言われないようにがんばりました。生活は仕事を優先し、残った時間で家事と子育てを
していました。このような生活スタイルで家事も子育てもパーフェクトにできていたつ
もりでした。

　しかしあるとき、子どもを見ていて「子どもは十分に与えられていない」「子どものた　25
めにもっとできることがあるのではないか」と思うようになり、生活の優先順序を変え
ました。今は子どもとの時間をできるだけとって生活しています。自分としてはこの選
択をして、とてもよかったと思っています。

　これからの女性には、この世の中に絶対的な価値などないということを知ってほしい、　26
そして自分で自分の価値を学んで、自分が価値を感じるものを選び、その生活を自信を
もって楽しんでほしいと思っています。

【Dさん】　27

　日本の経済がバブル期に入ったころ、高校大学時代を過ごしました。高校時代は、医　28
者、マスコミ関係、研究者などキャリア・ウーマン志望の友だちが多かった中で、自分
は少し違っていた気がします。母が専業主婦として子育てや家事や近所とのつきあいを
楽しんでいるように見えていたことや、女の子はいい妻、いい母になるのが自然だとい

う雰囲気の家庭で育ったことが影響していたのではないかと思います。

29　大学では高校の先生に勧められたことがきっかけで、日本語学を専攻し、日本語教師として仕事をしたいと思うようになりました。就職活動の時期には、就職での男女差別などを耳にし、「大学まで男女平等に教育を受けてきたのになぜ?」という気持ちになり、「ああ、自分は変わったな」と気づきました。

30　今は結婚をして、仕事と家事とをしています。夫とは友だち夫婦で、家事などを分担しています。将来は子どももほしいけれど、この仕事はずっと続けたいと思っています。

31　学生時代に男性と同様に社会で活躍したいと言っていた友人には、結婚せずに夢を追いかけてばりばり働いている人もいれば、子どもを産んで専業主婦になった人もいます。主婦を選んだ友人には、子育てを楽しみつつ、将来の仕事を考えて、自分を磨いている人もいます。子育てもしつつ医者として活躍している人もいます。子育ても仕事も選んだ友人は、家族に助けられながら一生懸命両立させようとしています。

32　今まさに私の世代の女性の生き方は多様化しています。これからはお互いがそれぞれの生き方を認めつつ、自分の生き方を楽しめたらいい、と思っています。

33　　　　　　　　　　　　　　　　　　　　（1999年7月　インタビューにもとづく）

📖 フリガナつき

1　次に紹介する4人の女性は、現在、同じ職場で仕事をしていますが、そこに至る道筋は4人それぞれ違います。4人は戦後日本の4つの異なる時代に学生時代を過ごし、自分らしい生き方を選択してきました。

2　Aさんは、戦後ベビー・ブームの時代に生まれ、日本経済の高度成長期に大学生活を送っています。Bさんは、高度成長期の終りの学生運動の激しい時代に大学生活を送っています。Cさんは、日本経済の安定成長期に大学生活を送っています。Dさんは、日本経済のバブル期に大学生活を送っています。

3　日本の戦後55年の経済復興と成長に伴って、日本の社会も少しずつ変わってきました。4人の経歴から、それぞれの日本の時代を反映した女性の生き方とメッセージを読みとってみましょう。

4　【Aさん】

5　戦後経済の高度成長期に学生時代を過ごしました。祖母は、「女性は自立しなくては。外国へ行きなさい」と言う人でした。また、独身で仕事を持つ叔母も、「力をつけておきなさい。そうすればチャンスがあったとき、迷わずのれるから」というのが口癖でした。

　このような身近な女性の影響で、高校生でアメリカに1年留学しました。でも、十代の異文化との表面的な接触はカルチャー・ショックが大きく、逆にやや国粋的になって帰国しました。

　大学卒業後は、就職の話もあったのですが、ごく自然に見合いで結婚しました。当時は女性の社会進出が始まっていました。実際、私の同級生も、放送局、出版社、航空会社などへ就職しましたが、私は特にしたいことがなく、身近に女性のほかの生き方の具体的なモデルもありませんでした。ですから、結婚に迷いはありませんでした。

　専業主婦で、3人の子育てと教育に専念しました。何かしてみたいという漠然とした思いはありましたが、目の前のことをひとつひとつこなしていくことも人生だと考え、家事と育児をそれなりに楽しんでいたと思います。

　子育てが一段落したころ、日本はバブル経済の時期で、日本語教育ブームでした。そのころ中国を旅行して、また異文化と接触しましたが、この接触は私にとってとても新鮮なものでした。40を過ぎて、大学院に進み、日本語教育を専攻しました。その後、比較的順調に仕事がみつかり、今日に至ります。年齢で損をしたと感じたことはありません。

　今振り返ってみると、何かを犠牲にしてがむしゃらに勉強したことはありません。目の前のことをひとつずつこなすという生き方で、ストレスをためずにここまで来たと思います。

　人間ですから、あせりや不安はありますが、どんな人生でも自分の選択です。何でも積極的に選んでやっているという意識が大切です。何事も経験してこそ見えてくるものがあります。子育てだって、家事だってそうです。

　現代は多様性を認め合う時代です。主婦も選択できる時代です。何かをやり始めれば、自分の役割には自然に順序が生じます。必要に応じて何かを切り捨て、他人の評価は気にしないことです。

【Bさん】

　大学へ進学したころは、体制に反対する学生運動の激しい時代でした。会社員の父と専業主婦の母の平均的家庭で育ち、子育てと家事で一日を終える母の生き方を見て、消極的な自分を変えたいと思うようになりました。

　当時、女性の社会進出は珍しくありませんでしたが、結婚までの「腰掛け就職」が普通でした。同級の女子学生の多くが、将来へ不安を抱きつつ自分の生き方を模索していました。大学で偶然耳にした講演がきっかけで、日本語教育を専攻しました。このころは、国内に日本語教育の職は少なく、日本語教師を志す者は、外国で夢を実現さ

せるしかない時代でした。大学卒業を目前にして、「このままでは腰掛け就職しかない」という危機感を抱くようになりました。運良く、アメリカの大学で職を得ることができたのですが、これは、一人暮しの経験のない私にとって、それまでの人生最大の自立へのチャレンジでした。母とまったく違う生き方を選んだ私を一番サポートしてくれたのは、専業主婦の母でした。

16　アメリカでの生活は、新しい経験と発見の日々でした。日本や家族のことを客観的に眺められるようになったのもこのころです。アメリカ社会で仕事を続けようと思い、大学院に進学しました。

17　大学院修了と同時に結婚したのですが、夫の仕事の関係で住んだ町には日本語教育の仕事はありませんでした。しかたなく選んだ専業主婦の毎日にあせりを感じました。

18　そういう気持ちのころ、日本での仕事の話があり、単身帰国しました。15年ぶりの日本はまだ男性中心の社会で、この逆カルチャー・ショックを乗り越えるのは大変でした。それから十数年、夫も帰国し、今、私は兼業主婦です。家事は自然に夫と2人でこなしています。

19　振り返ると私の選択はいつも「変わらなくては」という危機感を伴ったチャレンジでした。あのときああしなければ……と思うこともありますが、失敗も含めてすべて私の選択です。

20　今、日本の社会は、女性が男性と対等に多様な生き方を選べる時代です。若い人には新しいことにチャレンジして自分の生き方の選択肢を広げてほしいと思います。

21　【Cさん】

22　日本の経済が右肩上がりに成長し、女性の社会進出が進んだ時期に学生時代を過ごし、社会人になりました。小中学校のころは、圧倒的に将来は結婚してお母さんになるという女の子が多かったのですが、高校大学時代に入ると、仕事をして社会と関りながら生きたいという女性の割合が大きくなりました。私の場合は、母が仕事を持っていたこともあり、将来は仕事を持つのだろうとなんとなくイメージしていました。

23　大学卒業後、ほとんどの女性が就職しましたが、仕事の内容は男性の補助的なものがほとんどでした。私も企業に就職しましたが、やはり仕事の内容は他の女性と同じでした。私の「働き続けることのできる仕事」のイメージとは違っていたので、今の職業を仕事に選びました。

24　結婚後も今の職業をフルタイムとして続けていましたが、夫の海外赴任についていくことになり、一旦仕事をやめ、主婦生活を経験しました。海外での主婦生活を経験して「これは違う！」と思うようになり、日本に戻って仕事に復帰しました。夫も協力

的でしたので、復帰後は第一線で働き続けるために、「これだから子持ちは仕事ができない」と言われないようにがんばりました。生活は仕事を優先し、残った時間で家事と子育てをしていました。このような生活スタイルで家事も子育てもパーフェクトにできていたつもりでした。

しかしあるとき、子どもを見ていて「子どもは十分に与えられていない」「子どものためにもっとできることがあるのではないか」と思うようになり、生活の優先順序を変えました。今は子どもとの時間をできるだけとって生活しています。自分としてはこの選択をして、とてもよかったと思っています。 25

これからの女性には、この世の中に絶対的な価値などないということを知ってほしい、そして自分で自分の価値を学んで、自分が価値を感じるものを選び、その生活を自信をもって楽しんでほしいと思っています。 26

【Dさん】 27

日本の経済がバブル期に入ったころ、高校大学時代を過ごしました。高校時代は、医者、マスコミ関係、研究者などキャリア・ウーマン志望の友だちが多かった中で、自分は少し違っていた気がします。母が専業主婦として子育てや家事や近所とのつきあいを楽しんでいるように見えていたことや、女の子はいい妻、いい母になるのが自然だという雰囲気の家庭で育ったことが影響していたのではないかと思います。 28

大学では高校の先生に勧められたことがきっかけで、日本語学を専攻し、日本語教師として仕事をしたいと思うようになりました。就職活動の時期には、就職での男女差別などを耳にし、「大学まで男女平等に教育を受けてきたのになぜ?」という気持ちになり、「ああ、自分は変わったな」と気づきました。 29

今は結婚をして、仕事と家事とをしています。夫とは友だち夫婦で、家事などを分担しています。将来は子どももほしいけれど、この仕事はずっと続けたいと思っています。 30

学生時代に男性と同様に社会で活躍したいと言っていた友人には、結婚せずに夢を追いかけてばりばり働いている人もいれば、子どもを産んで専業主婦になった人もいます。主婦を選んだ友人には、子育てを楽しみつつ、将来の仕事を考えて、自分を磨いている人もいます。子育てもしつつ医者として活躍している人もいます。子育ても仕事も選んだ友人は、家族に助けられながら一生懸命両立させようとしています。 31

今まさに私の世代の女性の生き方は多様化しています。これからはお互いがそれぞれの生き方を認めつつ、自分の生き方を楽しめたらいい、と思っています。 32

（1999年7月　インタビューにもとづく） 33

資料―3　　女性と少子化

【女性と子どもの関係は？】

1. 働く女性の割合

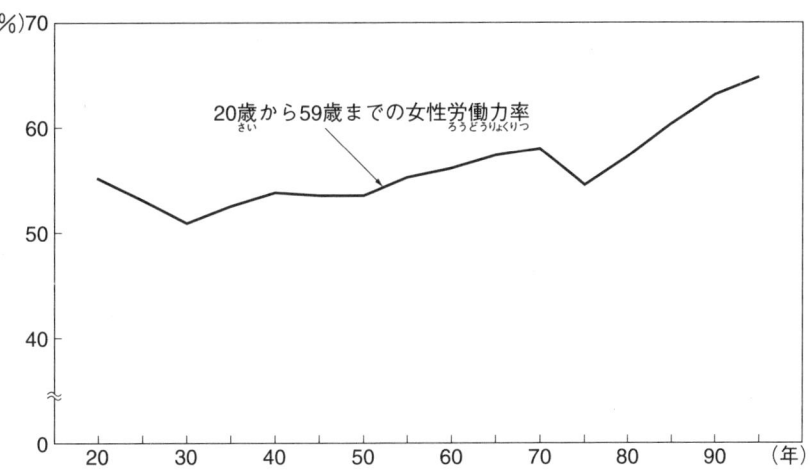

注：　1. 労働力率は、（労働力人口÷15歳以上人口）×100による。ただし、40年以前は、有業者を労働力人口として扱う。また、50年は、14歳以上人口を15歳以上として扱う。

　　　2. 20歳から59歳までの女性労働力率は、1950年が10％抽出統計、55年から65年は、1％抽出統計、70年は、20％抽出統計による。

　　　3. 50年から70年の数値は沖縄県等を含まない。　　　　　　　（総務庁「国勢調査」より作成）

2. 女性が働く理由

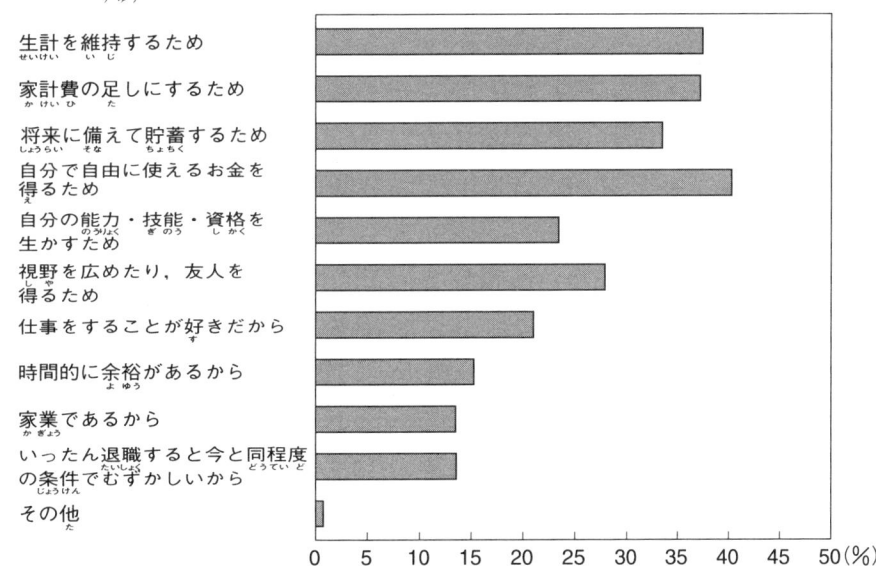

注：　1. 「あなたが働いているのはどのような理由からですか」（有職者に、複数回答）。

　　　2. 上記調査の全体の回答者は、97年全国の20歳以上59歳以下の男女（うち女性1,986人）。

（経済企画庁「国民生活選好度調査」1997年より作成）

3. 一人の女性が一生のうちに産む子どもの数

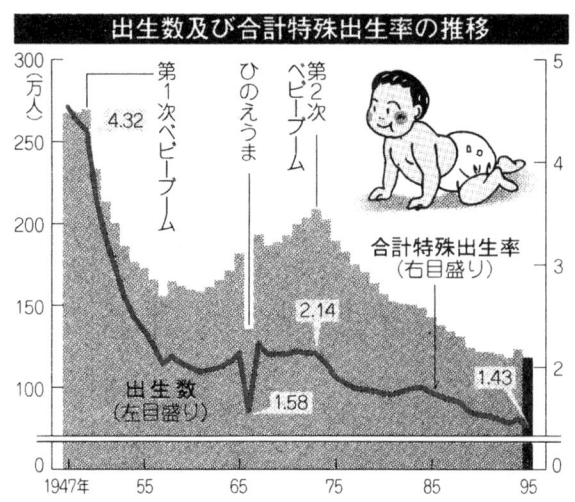

（『朝日新聞』1996 年 7 月 7 日付 朝刊）

4. どうして次の子どもを産まないのか

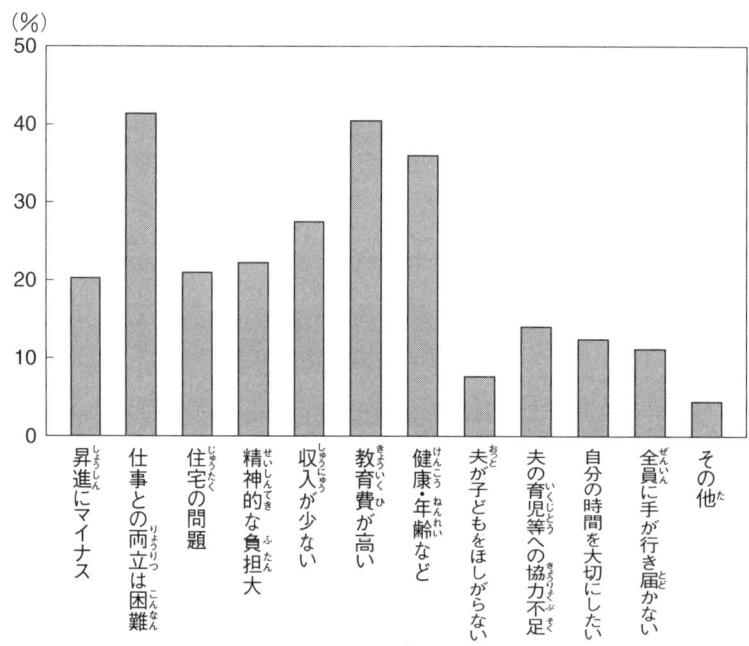

注： 1. 「理想の数だけお子さんを持たないだろうと思われる理由はなんですか」（3 つ選択）。
　　 2. 回答者は、従業員 500 人以上の企業に勤務する 20〜44 歳の従業員（フルタイム）及び非勤労者。回答者数は、有子勤労女性・配偶者 368 組。
　　 3. 「現実に生涯で持つ子どもの数」が「生涯でほしい理想的な子どもの数」よりも少ないと答えた妻を対象としている。

（住友生命総合研究所「女性の就業と出産・育児の両立に関する意識調査」1991 年より作成）

5. 夫の家事負担
おっと　かじ ふたん

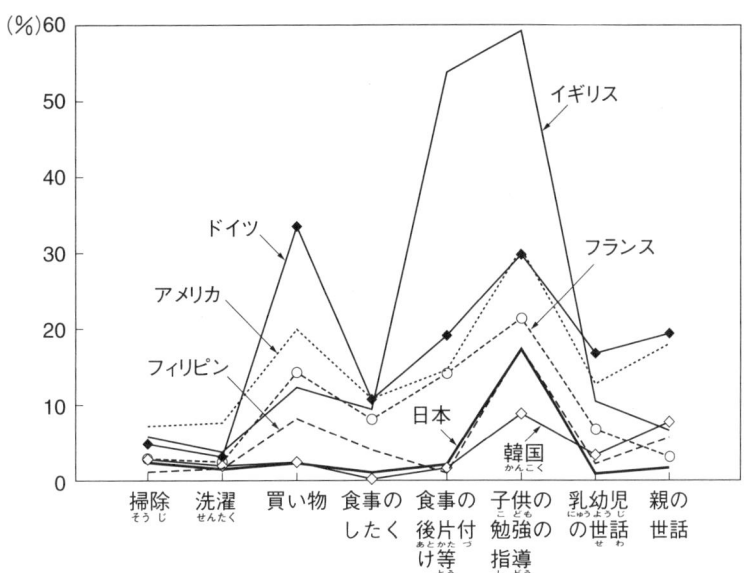

注： 1. 妻の割合に対する夫の割合の比率を示したものである。
わりあい　　　　　　　　　ひりつ
　　 2. 上記調査の回答者は、日本は 20 歳以上の男女、日本以外の 7 カ国については、20 歳以上の女性。回答
　　　　者数は、日本 3,524（うち女性 1,971）人、韓国 1,000 人、アメリカ 1,016 人、イギリス 1,064 人、フラ
かんこく
　　　　ンス 1,041 人、ドイツ 1,041 人、スウェーデン 1,013 人。

（東京都「女性問題に関する国際比較調査」1993 年より作成）
とうきょうと　　　　　　　　　　　こくさい ひ かく

資料—4　新しい社会の平等とは

フリガナなし

　「働く」という行為は、一日の生活の大部分を占め、家庭や、ひいては人生のあり方を　1
左右する。そればかりか、社会や文化を形づくる大きな要素でもある。

　先の国会で、労働基準法の女性保護規定の撤廃が決まり、1999年4月から実施される　2
ことになった。保護規定とは、時間外労働を年間で150時間以内に制限し、休日・深夜
労働を禁じた条項である。

　職場での男女平等を求めるなら、女性も男性並みに働けるようにすべきだ、という使　3
用者側の要求で実現した撤廃だ。

　ところが、男性は事実上、制限のない時間外労働をしており、このままでは、女性も　4
同様の環境におかれることになる。そこで、国会なども、実施までに何らかの緩和措置
を設けることを求めていた。

　私たちはこれまで、男性の過酷な労働実態に女性を合わせるのではなく、男女共通の　5
規制を設けるよう主張してきた。そのことの意味をもう一度、確認したい。

　これからの日本は、確実に労働力が不足し、いま以上に女性の力が求められる。　6

　働く時間だけを考えれば、女性の保護規定の撤廃は男女の平等につながる。だが、現　7
状では、共働き家庭であっても、家事の多くは女性が担っている。外で働く時間が同じ
になったからといって、家事が均等に分担されるようになるだろうか。

　子育てとなれば、女性の負担はさらに重くなる現実がある。介護が必要な親などを抱　8
えている場合も、そうだろう。

　いま、子どもの非行が社会問題になっている。子どもを健全にはぐくむ土台は、何と　9
いっても家庭と親子関係にある。両親が夜中になっても帰らないことを、当たり前と考
えるような社会にはしたくない。

　時間外・休日労働についての男女の共通規制だけでなく、義務教育の子どもや、介護　10
が必要な人を抱える場合、男女のどちらかは、時間外や、休日、深夜の労働を原則とし
て免除する制度を整えるべきだ。欧米より低い時間外労働などの手当を上げることも、当
然だろう。

　これからの日本社会のあり方をきちんと見すえた、十分な審議を望みたい。　11

（『朝日新聞』1997年8月7日付朝刊）　12

フリガナつき

1　「働く」という行為は、一日の生活の大部分を占め、家庭や、ひいては人生のあり方を左右する。そればかりか、社会や文化を形づくる大きな要素でもある。

2　先の国会で、労働基準法の女性保護規定の撤廃が決まり、1999年4月から実施されることになった。保護規定とは、時間外労働を年間で150時間以内に制限し、休日・深夜労働を禁じた条項である。

3　職場での男女平等を求めるなら、女性も男性並みに働けるようにすべきだ、という使用者側の要求で実現した撤廃だ。

4　ところが、男性は事実上、制限のない時間外労働をしており、このままでは、女性も同様の環境におかれることになる。そこで、国会なども、実施までに何らかの緩和措置を設けることを求めていた。

5　私たちはこれまで、男性の過酷な労働実態に女性を合わせるのではなく、男女共通の規制を設けるよう主張してきた。そのことの意味をもう一度、確認したい。

6　これからの日本は、確実に労働力が不足し、いま以上に女性の力が求められる。

7　働く時間だけを考えれば、女性の保護規定の撤廃は男女の平等につながる。だが、現状では、共働き家庭であっても、家事の多くは女性が担っている。外で働く時間が同じになったからといって、家事が均等に分担されるようになるだろうか。

8　子育てとなれば、女性の負担はさらに重くなる現実がある。介護が必要な親などを抱えている場合も、そうだろう。

9　いま、子どもの非行が社会問題になっている。子どもを健全にはぐくむ土台は、何といっても家庭と親子関係にある。両親が夜中になっても帰らないことを、当たり前と考えるような社会にはしたくない。

10　時間外・休日労働についての男女の共通規制だけでなく、義務教育の子どもや、介護が必要な人を抱える場合、男女のどちらかは、時間外や、休日、深夜の労働を原則として免除する制度を整えるべきだ。欧米より低い時間外労働などの手当を上げることも、当然だろう。

11　これからの日本社会のあり方をきちんと見すえた、十分な審議を望みたい。

（『朝日新聞』1997年8月7日付朝刊）

12

資料—5　子どものしつけ

　女は全部、結婚して家庭の主婦になる時代が過ぎようとしています。男とおなじ教育　1
をうけた女は、男とならんで就職します。せっかく仕事についたのに、結婚したからと
いってやめられません。家庭ももつし、仕事もするという女がふえています。

　これから20年もすれば、家庭は共ばたらきのほうが普通になるでしょう。　2

　しつけというのは、子どもが一人前の人間になって、人並みに社会に生きていけるよ　3
うにすることです。これまでは人並みというと、男は家庭の主人になり、女は男につか
えて家庭をまもることでした。ですから、子どものしつけは、男と女とでちがっていま
した。イエをまもるために、男は外で働き、女は育児と家事をうけもてるように、男は
男らしく、女は女らしくそだてるのがしつけでありました。

　20年も先になって、共ばたらきが普通になると、男と女と力をあわせて、平等の立場　4
で家庭をつくらねば、やれなくなるでしょう。いままでのイエをまもるためのしつけは、
そのとき役に立ちません。男は外で働き、女は家事をするものだと「男らしく」しつけ
られた男は、専業主婦をしてくれる女をみつけられなくなるでしょう。

　これからのしつけは、結婚しても仕事をやめない女と、家庭をつくれる男をそだてあ　5
げねばなりません。

　自由平等の人間を結びつける連帯感は、共通の目的にむかって協力するなかで生まれ　6
ます。家庭を維持しようという協力は、夫が妻を食わしてやっているという気持ちの専
業主婦家庭より、共ばたらき家庭のほうが強いものです。

　現在共ばたらきをやっている家庭では、平等に、たすけあって家庭をやっていく姿を　7
子どもにみせられます。共ばたらき家庭は、男がいばっていて、家のことを手伝わない
ではやっていけません。共ばたらきをつづけていられるのは、男が家庭でも共ばたらき
をしているからです。

　ですから共ばたらき家庭は、20年先に人並みに生きる男女をしつけるのには、いい環　8
境です。現在共ばたらきをうまくやっている家庭では、男の両親が共ばたらきだった場
合が少なくありません。

　しつけのむずかしいのは、男が亭主関白で女が専業主婦で、昔のイエのやり方をつづ　9
けている家庭です。パートにでて、おくればせの共ばたらきをしても、うまくいかない
でしょう。パートで働く女は、それまでの男は外、女は家の生活をまもるやり方で、働
きにでているからです。家庭のなかでは、共ばたらきになっていません。

10　現在、専業主婦が家をまもっている家庭で、将来、子どもが人並みの家庭をもてるようにするためには、男がよほど変身しなければなりません。

11　　　　　　　　　　　　　　　　（松田道雄『私は女性にしか期待しない』岩波新書、1995年）

フリガナつき

1　女は全部、結婚して家庭の主婦になる時代が過ぎようとしています。男とおなじ教育をうけた女は、男とならんで就職します。せっかく仕事についたのに、結婚したからといってやめられません。家庭ももつし、仕事もするという女がふえています。

2　これから20年もすれば、家庭は共ばたらきのほうが普通になるでしょう。

3　しつけというのは、子どもが一人前の人間になって、人並みに社会に生きていけるようにすることです。これまでは人並みというと、男は家庭の主人になり、女は男につかえて家庭をまもることでした。ですから、子どものしつけは、男と女とでちがっていました。イエをまもるために、男は外で働き、女は育児と家事をうけもてるように、男は男らしく、女は女らしくそだてるのがしつけでありました。

4　20年も先になって、共ばたらきが普通になると、男と女と力をあわせて、平等の立場で家庭をつくらねば、やれなくなるでしょう。いままでのイエをまもるためのしつけは、そのとき役に立ちません。男は外で働き、女は家事をするものだと「男らしく」しつけられた男は、専業主婦をしてくれる女をみつけられなくなるでしょう。

5　これからのしつけは、結婚しても仕事をやめない女と、家庭をつくれる男をそだててあげねばなりません。

6　自由平等の人間を結びつける連帯感は、共通の目的にむかって協力するなかで生まれます。家庭を維持しようという協力は、夫が妻を食わしてやっているという気持ちの専業主婦家庭より、共ばたらき家庭のほうが強いものです。

7　現在共ばたらきをやっている家庭では、平等に、たすけあって家庭をやっていく姿を子どもにみせられます。共ばたらき家庭は、男がいばっていて、家のことを手伝わないではやっていけません。共ばたらきをつづけていられるのは、男が家庭でも共ばたらきをしているからです。

8　ですから共ばたらき家庭は、20年先に人並みに生きる男女をしつけるのには、いい環境です。現在共ばたらきをうまくやっている家庭では、男の両親が共ばたらきだった場合が少なくありません。

9　しつけのむずかしいのは、男が亭主関白で女が専業主婦で、昔のイエのやり方をつづけている家庭です。パートにでて、おくればせの共ばたらきをしても、うまくいかな

いでしょう。パートで働く女は、それまでの男は外、女は家の生活をまもるやり方で、働きにでているからです。家庭のなかでは、共ばたらきになっていません。

　現在、専業主婦が家をまもっている家庭で、将来、子どもが人並みの家庭をもてるよ　10
うにするためには、男がよほど変身しなければなりません。

（松田道雄『私は女性にしか期待しない』岩波新書、1995年）　11

■ 話そう・書こう ■　　情報を自分のことばで表現しよう

ステップ1　資料からの情報

[1] それぞれの資料の情報を書きながらまとめましょう。

	だれからの情報でしたか	何が分かりましたか	どの部分から分かりましたか
資料—1			
資料—2			
資料—3			
資料—4			
資料—5			

↓

[2] それぞれの資料を関係づけて、このテーマについての情報をまとめましょう。

ステップ2　あなたからの情報

[1] ステップ1でまとめた情報の中で、新しい情報はありましたか。

（あった・なかった）

[2] どれが新しい／新しくない情報でしたか。

[3] ステップ1でまとめた情報は、あなたの国と同じでしたか。

（すべて同じ・違う点もある・まったく違う）

[4] どの情報からそのように思いましたか。

[5] 次のトピックについてあなたの考えをスピーチや作文で表現してみましょう。
- 日本／私の国の女性
- 日本と私の国の女性の生き方の違い
- 男と女は家庭の中での役割が違うか
- 男と女は社会の中での役割が違うか
- その他（　　　　　　　　　　　）

ステップ3　もっと知りたい！

　このテーマについてもっと知るために、どのような情報が必要ですか。参考図書の Imamura (1996)、Iwao (1993)、東 (1997)、坂井 (1993)、牧野 (1993)、松井 (1996)、山村 (1993) などを参考にして調べてみましょう。

変わる教育

「やることがたくさん！」

キーワード

教育制度、義務教育、人並み、偏差値教育、
きょういくせいど　ぎむきょういく　ひとな　へんさちきょういく
受験、塾、内申書、画一化、不登校
じゅけん　じゅく　ないしんしょ　かくいつか　ふとうこう
教育の多様化
きょういく　たようか

32

知っていることを話そう

キーワードを使って
知っている情報を整理しよう

[1] 図を見ながら教育制度についてまとめましょう。

    1）日本の子どもは何歳で小学校に入りますか。あなたの国では何歳ですか。

    2）日本の義務教育は何年間ですか。あなたの国では何年間ですか。

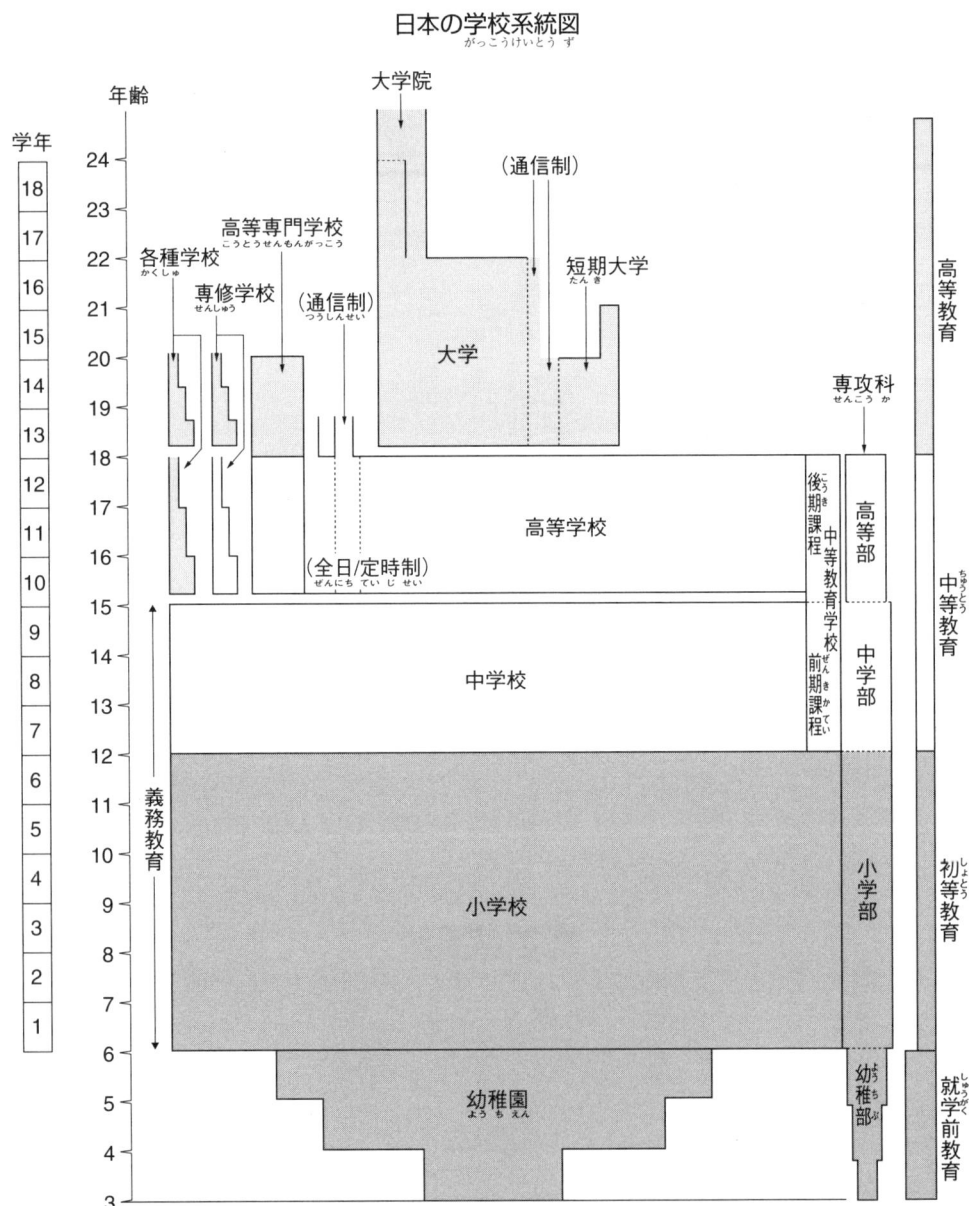

（『Education in Japan 2000』ぎょうせい、2000年にもとづく）

[2] 教育の問題について考えましょう。

1）あなたの国では、教育の問題がありますか。それはどんな問題ですか。

2）日本ではどのような問題があるか知っていますか。

[3] 不登校(長いあいだ学校に行かないこと)の問題について、表やグラフを見ながら話
しましょう。

1）このアンケートからどのような問題が分かりますか。

2）あなたの国でも同じような問題がありますか。

3）学校に行かなくなった理由は何でしょうか。

4）あなたの国ではどうですか。

A. アンケートの主旨(目的)

調査機関：東京シューレ・アンケート実行委員会
期間：1989年8月
方法：質問に対して答えを選ぶアンケート
目的：不登校になった子どもの意識を探る
対象：小学校から高等学校までの不登校の子ども265人

	男 (%)	女 (%)	合　計 (%)
小　学　生	25人 (9.4%)	17人 (6.4%)	42人 (15.8%)
中　学　生	53人 (19.6%)	42人 (15.8%)	94人 (35.5%)
高校生以上	62人 (23.3%)	67人 (25.2%)	129人 (48.8%)
合　計	140人	126人	265人

実行(する)：put into practice, realize　委員会：committee　意識：consciousness, awareness　探る：
search for, fish for　対象：subject

B. 質問

「あなたはどうして学校に行かなくなりましたか?」 主にあてはまるものに3つまで○を
つけてください。

（１）子どもどうしの関係_{かんけい}　　　（７）家族_{かぞく}
（２）いじめ　　　　　　　　　（８）先生
（３）体罰_{たいばつ}　　　　　　　　　（９）部活_{ぶかつ}
（４）校則_{こうそく}　　　　　　　　（10）学校の雰囲気_{ふんいき}
（５）給食_{きゅうしょく}　　　　　　　　（11）よくわからない
（６）勉強(授業)_{じゅぎょう}

C. 回答結果_{かいとうけっか}

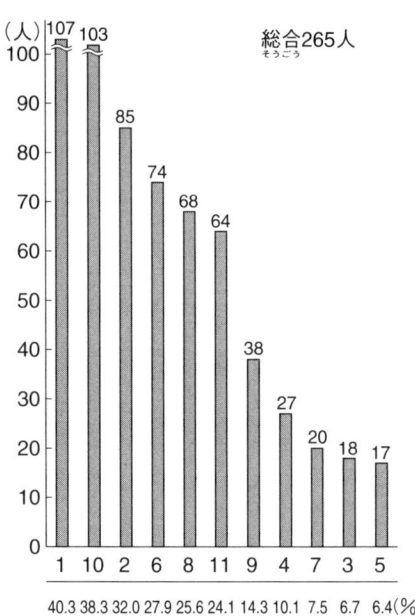

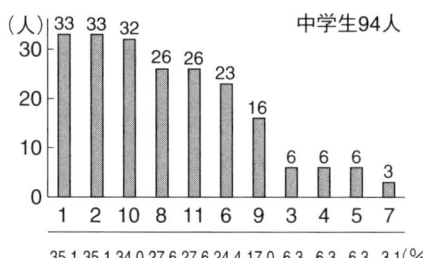

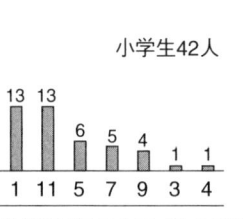

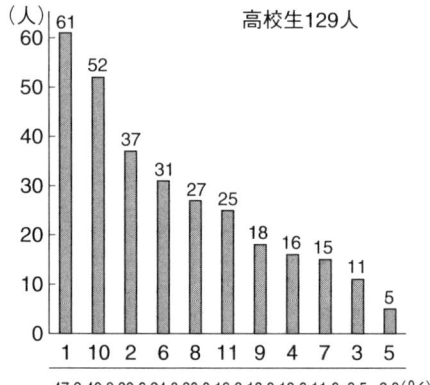

（「東京シューレ」の子どもたち編_{へん}『学校に行かない僕_{ぼく}から学校に行かない君_{きみ}へ』
教育史料出版会、1991年）_{しりょうしゅっぱんかい}

いじめ: bullying　　　体罰: corporal punishment　　　校則: 学校の規則　　　給食: 学校が出す昼ご飯　　　部_{たいばつ}　　ぶ
活: extracurricular activities　　　雰囲気: atmosphere_{かつ}　　　　　　　　　　　　　　　　　　　ふんいき

◆ ここから考えよう ◆　もっと情報を集めよう

次の資料から日本の教育について、いろいろな情報を読みとりましょう。

- 資料─1　揺れる「評価」に踊らされ(新聞記事)

- 資料─2　「登校拒否」って何？(教育書)

- 資料─3　親の「負けるな」が「つらい」(新聞記事)

- 資料─4　いま娘は充実　文化祭で活躍(新聞投書)

- 資料─5　私たちの人間宣言(教育書)

- 資料─6　多様化する教育
  - a. 「フリースクール」ってなあに？(ガイドブック)
  - b. ユニーク学科　高校に続々(新聞記事)
  - c. 大検とは？(ガイドブック)
  - d. 個性育つか「飛び入学」(新聞記事)
  - e. 選んだ17歳(新聞記事)
  - f. 社会人入学(教育書)
  - g. 社会人教育に大学は努めて(新聞投書)
  - h. 96歳の大学生(新聞コラム)

資料—1 　揺れる「評価」に踊らされ

● 『朝日新聞』1997年6月24日付夕刊

フリガナなし

【高校入試における評価尺度の多元化】　1

　知識の量といった狭い意味での学力だけでなく、子どもたちの多様な個性や能力・適　2
性、意欲、努力の成果や活動経験などについて、様々な観点から、優れた面や長所を積
極的に評価していくためには、評価尺度の多元化が不可欠である。（中教審の「審議のま
とめ」から）

＊

　数学の授業が始まると、生徒一人ずつに B5 版ほどの用紙が配られた。　3

　手を挙げたり、意見発表したりするたびに、生徒たちは「正」の字を一画ずつ書き込　4
んでいく。授業が終わるころには「正」が二つ並んだ子がいた。空白のままの子もいる。

　静岡市内のある公立中学の 2 年生の教室。生徒たちが書き込んだ紙は「発表カード」と　5
呼ばれている。

　学期ごとに先生が集計する。回数が多いほどヤル気があるとみられ、いい成績をつけ　6

てもらえる。

7　少なくとも、生徒たちはそう信じている。

8　とくに意見発表の回数がポイントだな、とささやきあう。

＊

9　4年前、中学に新しい学習指導要領が導入され、成績のつけ方が大きく変わった。テストの結果だけではなく、生徒の「意欲・関心・態度」「思考・判断」などを加味して評価するようになった。

10　「観点別評価」という。高校入試に使われる調査書(内申書)も、このやり方でつけられる。

11　静岡県の公立高入試は、「内申書重視」だ。文部省よりずっと早く、1970年代初めからという。

12　今はまず、定員の55%を内申書(教科の評定など)で選ぶ。続いて、「観点別評価」だけで10%、内申書＋面接で10%と決めていき、次がようやく学力検査で10%、残りが総合評価だ。全体の9割が内申書がらみで選ばれることになる。

13　生徒たちが目の色を変えるのも無理はない。

＊

14　何を対象に、具体的にどんな基準で評価するかは教師次第だ。

15　ある先生は、授業ごとにノートを集める。字がきれいか。重要なところを蛍光ペンでマークしているか。

16　教員歴十数年という先生は「カン」でつける。

17　「前はノートの内容や、授業中の発表回数などのデータを取っていた。だが、どうもふだん自分が感じているものと逆の結果が出てしまった」

18　高校入試を意識し始める3年になると、「変身」する生徒がいる。

19　2学期末。高校に出す内申書には、主にこの学期の成績が書き込まれる。

20　昨年、3年を持った先生によると、急に手を挙げる子が増えたのは、職員室の行事予定表に「成績表提出」と書き出されたころだ。多いときはクラスの3分の1ぐらいが手を挙げた。それが3学期に入ったとたん、シーンとなった。

21　ある女子生徒は言った。「競って大きな声を出すんですよ。目立って、先生から指されやすいように」

22　おべっかつかうみたいで嫌だな、と思っている。でも、来年は彼女も入試だ。

＊

23　今春、県内のある進学校で、入学して間もない生徒が休みがちになった。

24　同校では、卒業生の9割以上が国公立を中心に大学に進む。定期テストが終わると、間

をおかずに実力テストがあり、宿題も毎日のように出る。

同校の先生(51)によると、この生徒は「観点別評価」で合格してきた。　25

「学習に重点を置くうちの雰囲気になじめなかったんでしょう。高校では、成績は学力　26
だけで判断しますから」

県教委は、高校でも観点別評価をとり入れるように指導しているが、部分的にでも導　27
入したのはまだ半数に過ぎない。多くはテスト中心だ。

揺れる「評価尺度」の前で、子どもたちは踊り、そして立ちすくむ。　28

（『朝日新聞』1997 年 6 月 24 日付夕刊）　29

（フリガナつき）

【高校入試における評価尺度の多元化】　1

知識の量といった狭い意味での学力だけでなく、子どもたちの多様な個性や能力・　2
適性、意欲、努力の成果や活動経験などについて、様々な観点から、優れた面や長所
を積極的に評価していくためには、評価尺度の多元化が不可欠である。(中教審の
「審議のまとめ」から)

＊

数学の授業が始まると、生徒一人ずつに B5 版ほどの用紙が配られた。　3

手を挙げたり、意見発表したりするたびに、生徒たちは「正」の字を一画ずつ書き込　4
んでいく。授業が終わるころには「正」が二つ並んだ子がいた。空白のままの子もいる。

静岡市内のある公立中学の 2 年生の教室。生徒たちが書き込んだ紙は「発表カード」　5
と呼ばれている。

学期ごとに先生が集計する。回数が多いほどヤル気があるとみられ、いい成績をつけ　6
てもらえる。

少なくとも、生徒たちはそう信じている。　7

とくに意見発表の回数がポイントだな、とささやきあう。　8

＊

4 年前、中学に新しい学習指導要領が導入され、成績のつけ方が大きく変わった。　9
テストの結果だけではなく、生徒の「意欲・関心・態度」「思考・判断」などを加味して
評価するようになった。

「観点別評価」という。高校入試に使われる調査書(内申書)も、このやり方でつけ　10
られる。

静岡県の公立高入試は、「内申書重視」だ。文部省よりずっと早く、1970 年代初め　11

からという。

12　今はまず、定員の 55% を内申書(教科の評定など)で選ぶ。続いて、「観点別評価」だけで 10%、内申書＋面接で 10% と決めていき、次がようやく学力検査で 10%、残りが総合評価だ。全体の 9 割が内申書がらみで選ばれることになる。

13　生徒たちが目の色を変えるのも無理はない。

*

14　何を対象に、具体的にどんな基準で評価するかは教師次第だ。

15　ある先生は、授業ごとにノートを集める。字がきれいか。重要なところを蛍光ペンでマークしているか。

16　教員歴十数年という先生は「カン」でつける。

17　「前はノートの内容や、授業中の発表回数などのデータを取っていた。だが、どうもふだん自分が感じているものと逆の結果が出てしまった」

18　高校入試を意識し始める 3 年になると、「変身」する生徒がいる。

19　2 学期末。高校に出す内申書には、主にこの学期の成績が書き込まれる。

20　昨年、3 年を持った先生によると、急に手を挙げる子が増えたのは、職員室の行事予定表に「成績表提出」と書き出されたころだ。多いときはクラスの 3 分の 1 ぐらいが手を挙げた。それが 3 学期に入ったとたん、シーンとなった。

21　ある女子生徒は言った。「競って大きな声を出すんですよ。目立って、先生から指されやすいように」

22　おべっかつかうみたいで嫌だな、と思っている。でも、来年は彼女も入試だ。

*

23　今春、県内のある進学校で、入学して間もない生徒が休みがちになった。

24　同校では、卒業生の 9 割以上が国公立を中心に大学に進む。定期テストが終わると、間をおかずに実力テストがあり、宿題も毎日のように出る。

25　同校の先生(51)によると、この生徒は「観点別評価」で合格してきた。

26　「学習に重点を置くうちの雰囲気になじめなかったんでしょう。高校では、成績は学力だけで判断しますから」

27　県教委は、高校でも観点別評価をとり入れるように指導しているが、部分的にでも導入したのはまだ半数に過ぎない。多くはテスト中心だ。

28　揺れる「評価尺度」の前で、子どもたちは踊り、そして立ちすくむ。

29　　　　　　　　　　　　　　　　　　　　（『朝日新聞』1997 年 6 月 24 日付夕刊）

資料—2 「登校拒否」って何？

【 フリガナなし 】

　みなさんは、子ども時代、学校に行くのはあたりまえと思ってきたことでしょうね。ま　1
た行くのはあたりまえでも、もう休みたいなあと思う日や、なぜ学校へ行かなきゃなら
ないんだろう、と疑問をもった日もあることでしょうね。

　そして最近では、本当に学校を休む、それも、けっこう長く休んでしまう子がどんど　2
ん増えてきました。文部省の調査でも、小・中学生で約4万7千人。これは50日以上休
む子ですから、週1回ぐらい休む子は入っていません。高校中退11万人、これも数年前
の数字ですから、高校生までふくめれば、行かない子の数はもっと多く、それも10年間
で4倍くらいに増えているのです。

　学校へ行かなくなったり、行けなくなったりする子の原因はさまざまです。それにつ　3
いては、「登校拒否の子どもによる登校拒否アンケート」[＝本書33頁アンケート]を参考に
してください。なかには、理由がはっきりしない子もいることでしょう。自分でもよく
わからない、でも学校へ行く気がしないという子や、学校には行こうと思っているのに、
朝になると行けない、なぜだかわからないという子もいるでしょう。

　わからないのに行けないなんて怠けだ、と決めつける人がいますが、そんなことはあ　4
りません。言葉になるかならないか別にして、その子と学校の関係が、行きたくないか、
行けないかするマイナスの関係になっている、その人の心や体が学校と距離をとりたく
なっている関係にはちがいありません。実際、その子からみて、恐怖感、不信感、疲労
感、虚脱感、絶望感、緊張やストレスがたまってくると、行かなくてはと思っても行け
ないのも当然だし、自分の個性のあり方と合わなければ、行きたくなくなるのが人間の
自然です。学校へ行き続けることが自分にとっての危機とか、行きづまりと感ずると、生
理的にその危機から自分を守るように距離をとるのです。それが登校拒否だと、私たち
は考えています。

　だから、登校拒否は心の病いでもないし、異常な人でもないし、親の育て方が悪いた　5
め自立心が育たなかったということでもないし、甘えやわがまま、怠け、というふうに
も思いません。その子が、その時、学校を休みたいか、休む必要が生じているので、そ
れを周囲が理解することのほうが大切だと思っているのです。

　また、登校拒否をすることが、学校不適応だとか、社会で将来やっていけないとか、人　6
間として落ちこぼれのように語られますが、事実がそうではないことを示しています。あ
る時期、学校に行かなかった子で、そのあと高校や専門学校、大学などに入ったり、会

社員や公務員になったり、自分の趣味、特技を生かして画家、陶芸家、フリーライターになったり、結婚して主婦として幸せに生きている、などいろいろいらっしゃいます。

7　「登校拒否をしてよかった」「自分の充電期間だった」「自分をふりかえることができて貴重な時間だった」とプラスに肯定している子もかなりあり、なかには、もっと積極的に「学校に行かないと、たっぷり時間があって、やりたいことを思いきりやれた」とか「学校にふりまわされないで自分でなっとくのいく生活ができた」と評価している子もいます。

8　学校は一つの教育機関です。それがないと生きていけないものではなく、国がつくった人工的な制度なのです。その制度を利用したかったらすればいいし、そこへ行くことが自分にマイナスなら、そこを利用しない方法で成長していいのです。いいかえると、学校へ行く権利もありますが、行かない権利もあるのです。

9　日本の現在の憲法、教育基本法は、子どもに学ぶ権利をみとめ、それを大人が保障する義務を明記しているのであって、子どもがいやでも学校へ行く義務、というのはありません。出席ゼロでも進級したり、卒業したりできた子は全国にたくさんいます。

10　それでは、なぜ「行きたいのに行けない」という奇妙なことがおこるのでしょうか。「行きたいのに行けない」ことになってしまうのは、二つの要素がそろった時に生じます。一つは、学校に対してなんらかのマイナス関係があって、心や体が拒否しているということ。もう一つは、そうであるにもかかわらず、学校には行かなければならない、行くべきだ、行ったほうが人生がうまくいくのだ、という価値観があること。

11　学歴で人間の価値をはかり、少しでもいい学校に入れることばかり考えている大人が多く、学校で活躍する子は価値が高いと考え、学校にあわない子、はみ出す子は人間として駄目と考える学校信仰の強い社会です。

12　そんな社会では、第二の要素が子どものなかに強く存在します。すると、行かなくてはいけないと思うし、プライドの上からも行かない自分をみとめたくないので、心や体が拒否していることを素直に意識して、行きたくない、行かなくてもよいと考えられず、「行きたいけど行けない」という二律背反の状態になります。これは、意識と体が分裂しているので、苦しいし、劣等感を大きくします。学校を絶対化する考え方にこだわらず、「行くなというサインだな」と考え、「当分、行けない体にあわせてやってみよう」と、頭と体が一つになれば葛藤しなくなっていきます。そして、行かない自分で、しばらくすきなようにゆっくり暮らしていけばいいのです。

13　　　　　　　　　（「東京シューレ」の子どもたち編『学校に行かない僕から学校に行かない君へ』
教育史料出版会、1991年）

フリガナつき

　みなさんは、子ども時代、学校に行くのはあたりまえと思ってきたことでしょうね。また行くのはあたりまえでも、もう休みたいなあと思う日や、なぜ学校へ行かなきゃならないんだろう、と疑問をもった日もあることでしょうね。

　そして最近では、本当に学校を休む、それも、けっこう長く休んでしまう子がどんどん増えてきました。文部省の調査でも、小・中学生で約４万７千人。これは50日以上休む子ですから、週１回ぐらい休む子は入っていません。高校中退11万人、これも数年前の数字ですから、高校生までふくめれば、行かない子の数はもっと多く、それも10年間で４倍くらいに増えているのです。

　学校へ行かなくなったり、行けなくなったりする子の原因はさまざまです。それについては、「登校拒否の子どもによる登校拒否アンケート」[＝本書33頁アンケート]を参考にしてください。なかには、理由がはっきりしない子もいることでしょう。自分でもよくわからない、でも学校へ行く気がしないという子や、学校には行こうと思っているのに、朝になると行けない、なぜだかわからないという子もいるでしょう。

　わからないのに行けないなんて怠けだ、と決めつける人がいますが、そんなことはありません。言葉になるかならないか別にして、その子と学校の関係が、行きたくないか、行けないかするマイナスの関係になっている、その人の心や体が学校と距離をとりたくなっている関係にはちがいありません。実際、その子からみて、恐怖感、不信感、疲労感、虚脱感、絶望感、緊張やストレスがたまってくると、行かなくてはと思っても行けないのも当然だし、自分の個性のあり方と合わなければ、行きたくなくなるのが人間の自然です。学校へ行き続けることが自分にとっての危機とか、行きづまりと感ずると、生理的にその危機から自分を守るように距離をとるのです。それが登校拒否だと、私たちは考えています。

　だから、登校拒否は心の病いでもないし、異常な人でもないし、親の育て方が悪いため自立心が育たなかったということでもないし、甘えやわがまま、怠け、というふうにも思いません。その子が、その時、学校を休みたいか、休む必要が生じているので、それを周囲が理解することのほうが大切だと思っているのです。

　また、登校拒否をすることが、学校不適応だとか、社会で将来やっていけないとか、人間として落ちこぼれのように語られますが、事実がそうではないことを示しています。ある時期、学校に行かなかった子で、そのあと高校や専門学校、大学などに入ったり、会社員や公務員になったり、自分の趣味、特技を生かして画家、陶芸家、フリーライターになったり、結婚して主婦として幸せに生きている、などいろいろいらっしゃいます。

7　「登校拒否をしてよかった」「自分の充電期間だった」「自分をふりかえることができて貴重な時間だった」とプラスに肯定している子もかなりあり、なかには、もっと積極的に「学校に行かないと、たっぷり時間があって、やりたいことを思いきりやれた」とか「学校にふりまわされないで自分でなっとくのいく生活ができた」と評価している子もいます。

8　学校は一つの教育機関です。それがないと生きていけないものではなく、国がつくった人工的な制度なのです。その制度を利用したかったらすればいいし、そこへ行くことが自分にマイナスなら、そこを利用しない方法で成長していいのです。いいかえると、学校へ行く権利もありますが、行かない権利もあるのです。

9　日本の現在の憲法、教育基本法は、子どもに学ぶ権利をみとめ、それを大人が保障する義務を明記しているのであって、子どもがいやでも学校へ行く義務、というのはありません。出席ゼロでも進級したり、卒業したりできた子は全国にたくさんいます。

10　それでは、なぜ「行きたいのに行けない」という奇妙なことがおこるのでしょうか。「行きたいのに行けない」ことになってしまうのは、二つの要素がそろった時に生じます。一つは、学校に対してなんらかのマイナス関係があって、心や体が拒否しているということ。もう一つは、そうであるにもかかわらず、学校には行かなければならない、行くべきだ、行ったほうが人生がうまくいくのだ、という価値観があること。

11　学歴で人間の価値をはかり、少しでもいい学校に入れることばかり考えている大人が多く、学校で活躍する子は価値が高いと考え、学校にあわない子、はみ出す子は人間として駄目と考える学校信仰の強い社会です。

12　そんな社会では、第二の要素が子どものなかに強く存在します。すると、行かなくてはいけないと思うし、プライドの上からも行かない自分をみとめたくないので、心や体が拒否していることを素直に意識して、行きたくない、行かなくてもよいと考えられず、「行きたいけど行けない」という二律背反の状態になります。これは、意識と体が分裂しているので、苦しいし、劣等感を大きくします。学校を絶対化する考え方にこだわらず、「行くなというサインだな」と考え、「当分、行けない体にあわせてやってみよう」と、頭と体が一つになれば葛藤しなくなっていきます。そして、行かない自分で、しばらくすきなようにゆっくり暮らしていけばいいのです。

13　（「東京シューレ」の子どもたち編『学校に行かない僕から学校に行かない君へ』
教育史料出版会、1991年）

資料—3 親の「負けるな」が「つらい」

● 『朝日新聞』1997年5月26日付 朝刊

フリガナなし

【いじめで不登校に…ある母娘の独白】

中学1年の女子生徒がいじめられ、不登校になった。

「いい子なのになぜ」。母は娘を学校に追い立てようとした。

「かっこ悪い自分を親に見せたくない」。娘はいじめを打ち明けられない。

塾の合宿で初めて苦しみを語る娘に、母はわびた。

だが、いま、娘は言う。

「親はわかってない」

【いきさつ】

新潟県の中学3年生の女子生徒(14)は中学入学後間もなく、いじめが原因で不登校になった。母(52)に理由は言えず「ずる休み」と誤解されて毎朝のようにけんかになる。後に母親はいじめの事実を知るが、「負けるな」と励まし、娘は自分の殻に閉じこもる。

1
2

3
4

5　1年生の10月、不登校児の塾の親子合宿に参加した娘は、他の不登校の子がいじめられ体験を語るのにつられ、皆の前で初めて自分の体験を泣きながら語った。母親は知らなかったことをわびるが、娘は「それでも学校へ行ってほしい」という母の本心を感じる。

6　2年生の2学期に東京に転校して学校に通い、3学期には再び地元の中学に。いまは休まず通っている。

7　【母　「勉強で見返せ」と言った。傷つけ申し訳ない】

8　手のかからない子だった。保育園くらいから家の民宿の手伝いをしてくれた。成績も良く、活発で友だちも多い。中学でも入学してすぐ学年委員長に選ばれたくらい。

9　だから1年生の6月初めに「頭が痛い」って言いだしたとき、いじめられてるなんて想像もしなかった。ずる休みだと思って、スキーのストック持って追いかけ回した。涙こぼしながら私に向かってきた。

10　頭の中をかきむしり真っ赤になってた。最初はストレスと思わず、ただかゆいんだな、と思ってた。二つ下の弟にも暴力的になって、お父さんに相談したが、やっぱり「ずるけてるんだろう」くらいにしか思ってなかったようだ。

11　いじめがわかったのは、先生に班ノートを見せてもらった時だ。男子の字で娘のことを「ショウコウ」って書いてある。世の中を騒がせてる人の名をつけられて傷ついたんだな、とわかった。娘が弱いせいだと思った。「言われたら言い返せ」「勉強で見返してやれ」と言った。「私は小学校6年間一度も休まなかった」と言った。

12　1年の10月から、不登校児のための塾に週一回通うようになった。その合宿で初めて娘の告白を聞いた時は「こんなに苦しんでたのか」と思った。傷つけていたことが分かり、申し訳ないと謝った。

13　それからは学校に行ってほしいとは言わないようにしたが、腹の底では思ってしまう。「人より何でもできる娘がなぜ行けないんだろう」って。

14　だから知人が「東京へ来ないか」と言ってくれた時、実はほっとした。あの子が負担だった。2年の春から東京の塾へ行かせ、2学期から中学に入れた。何日か休んだので、上京して「頑張った方がいい」と言ったら、それからは休まずに行っていた。2学期の終わり、「前の中学に戻ろうと思う」と自分から電話してきた。「ああ自信がついたんだな」って思った。

15　今もやっと学校行ってるんだと思う。今朝も9時に起きてきた。「昨日の夜、忙しくてもブラウス洗ったのにな」と言ったら、「行くよ」と出てった。

16　娘は、今もまだいじわるされると言う。でも、休めっていうのも相手の思うつぼのよ

うに思う。屈せずにいるんだというふうに私は生きてきたから。

　だんだん親として自信がなくなってくるばっかりで。あの子の顔色をうかがってる。今 　17
日もあの子、仕方なく行ったんだと思う。明日は「今日は休めば」と言ってあげようと
思うんだけどね。

（『朝日新聞』1997 年 5 月 26 日付朝刊）　18

（フリガナつき）

【いじめで不登校に…ある母 娘 の独白】　1

　中学 1 年の女子生徒がいじめられ、不登校になった。　2

「いい子なのになぜ」。母は娘を学校に追い立てようとした。

「かっこ悪い自分を親に見せたくない」。娘はいじめを打ち明けられない。

　塾の合宿で初めて苦しみを語る娘に、母はわびた。

だが、いま、娘は言う。

「親はわかってない」

【いきさつ】　3

　新潟県の中学 3 年生の女子生徒(14)は中学入学後間もなく、いじめが原因で不登校　4
になった。母(52)に理由は言えず「ずる休み」と誤解されて毎朝のようにけんかになる。
後に母親はいじめの事実を知るが、「負けるな」と励まし、娘は自分の殻に閉じこもる。

　1 年生の 10 月、不登校児の塾の親子合宿に参加した娘は、他の不登校の子がいじめ　5
られ体験を語るのにつられ、皆の前で初めて自分の体験を泣きながら語った。母親は知
らなかったことをわびるが、娘は「それでも学校へ行ってほしい」という母の本心を感
じる。

　2 年生の 2 学期に東京に転校して学校に通い、3 学期には再び地元の中学に。いま　6
は休まず通っている。

【母 「勉 強 で見返せ」と言った。傷つけ申し訳ない】　7

　手のかからない子だった。保育園くらいから家の民宿の手伝いをしてくれた。成績も　8
良く、活発で友だちも多い。中学でも入学してすぐ学年委員長に選ばれたくらい。

　だから 1 年生の 6 月初めに「頭が痛い」って言いだしたとき、いじめられてるなんて　9
想像もしなかった。ずる休みだと思って、スキーのストック持って追いかけ回した。涙
こぼしながら私に向かってきた。

10　　頭の中をかきむしり真っ赤になってた。最初はストレスと思わず、ただかゆいんだな、と思ってた。二つ下の弟にも暴力的になって、お父さんに相談したが、やっぱり「ずるけてるんだろう」くらいにしか思ってなかったようだ。

11　　いじめがわかったのは、先生に班ノートを見せてもらった時だ。男子の字で娘のことを「ショウコウ」って書いてある。世の中を騒がせてる人の名をつけられて傷ついたんだな、とわかった。娘が弱いせいだと思った。「言われたら言い返せ」「勉強で見返してやれ」と言った。「私は小学校6年間一度も休まなかった」と言った。

12　　1年の10月から、不登校児のための塾に週一回通うようになった。その合宿で初めて娘の告白を聞いた時は「こんなに苦しんでたのか」と思った。傷つけていたことが分かり、申し訳ないと謝った。

13　　それからは学校に行ってほしいとは言わないようにしたが、腹の底では思ってしまう。「人より何でもできる娘がなぜ行けないんだろう」って。

14　　だから知人が「東京へ来ないか」と言ってくれた時、実はほっとした。あの子が負担だった。2年の春から東京の塾へ行かせ、2学期から中学に入れた。何日か休んだので、上京して「頑張った方がいい」と言ったら、それからは休まずに行っていた。2学期の終わり、「前の中学に戻ろうと思う」と自分から電話してきた。「ああ自信がついたんだな」って思った。

15　　今もやっと学校行ってるんだと思う。今朝も9時に起きてきた。「昨日の夜、忙しくてもブラウス洗ったのにな」と言ったら、「行くよ」と出てった。

16　　娘は、今もまだいじわるされると言う。でも、休めっていうのも相手の思うつぼのように思う。屈せずにいるんだというふうに私は生きてきたから。

17　　だんだん親として自信がなくなってくるばっかりで。あの子の顔色をうかがってる。今日もあの子、仕方なく行ったんだと思う。明日は「今日は休めば」と言ってあげようと思うんだけどね。

18　　　　　　　　　　　　　　　　　　　　　　　　（『朝日新聞』1997年5月26日付朝刊）

48

資料—4　いま娘は充実　文化祭で活躍

フリガナなし

　不登校になり、中学校はおろか、近隣へも一切外出しなくなって2年たった娘が、「私　1
も楽しい高校生活を送りたい」と言い出して、学校探しが始まった。

　制服がなく、ユニークな総合学習を行っているある私立学園を見学すると、娘は「行　2
きたい」と言う。中学校の支え、同学園の励まし、彼女の勇気で合格通知を手にした昨
年春。思わず目頭が熱くなったが、娘の手前、我慢した。

　娘は1学期こそ休みがちだったものの、2学期になると遅刻もせず、文化祭の準備では　3
遅くまで残って頑張っていた。当日は、若いエネルギーがはじけ、どの会場も活気にあ
ふれた。お化け屋敷を企画した娘たちの部屋も大盛況だった。

　私は特に、異文化を知るというテーマの、朝鮮半島の民謡に使う楽器チャンゴ(鼓型の　4
両面太鼓)の演奏に感激した。暗い客席で感動の涙があふれたが、こらえた。会場が明る
くなると、一緒に行った友人のほおに涙が見えた。その瞬間、私は後悔した。私も泣け
ばよかった。思いっきり。娘だけでなく、私も、父母たちと何でも話せるこの学園の雰
囲気に、居場所を見つけた思いだった。　　　　　　　　　　　　　　　（主婦　43歳）

（『朝日新聞』2000年1月26日付朝刊）　5

フリガナつき

　不登校になり、中学校はおろか、近隣へも一切外出しなくなって2年たった娘が、　1
「私も楽しい高校生活を送りたい」と言い出して、学校探しが始まった。

　制服がなく、ユニークな総合学習を行っているある私立学園を見学すると、娘は「行　2
きたい」と言う。中学校の支え、同学園の励まし、彼女の勇気で合格通知を手にした
昨年春。思わず目頭が熱くなったが、娘の手前、我慢した。

　娘は1学期こそ休みがちだったものの、2学期になると遅刻もせず、文化祭の準備で　3
は遅くまで残って頑張っていた。当日は、若いエネルギーがはじけ、どの会場も活気に
あふれた。お化け屋敷を企画した娘たちの部屋も大盛況だった。

　私は特に、異文化を知るというテーマの、朝鮮半島の民謡に使う楽器チャンゴ(鼓型　4
の両面太鼓)の演奏に感激した。暗い客席で感動の涙があふれたが、こらえた。会場
が明るくなると、一緒に行った友人のほおに涙が見えた。その瞬間、私は後悔した。
私も泣けばよかった。思いっきり。娘だけでなく、私も、父母たちと何でも話せるこ

　の学園の雰囲気に、居場所を見つけた思いだった。　　　　　　　　（主婦　43歳）

5

（『朝日新聞』2000年1月26日付 朝刊）

資料—5　私たちの人間宣言

フリガナなし

　私たちは、現在、学校をはじめ、いろいろなところで、人間的扱いを受けておらず、人間としての権利が踏みにじられています。　1

　学校のことを考えると、行きたくなくなるのは、私たちだけではないはずです。　2

　今日もたくさんの訴えが出ました。　3

　この状態を変えるには、まず、私たちが立ち上がり、団結すること。そして、父母は私たちを理解し、他の大人たちも子どもたちを応援する。　4

　そうすれば、きっと道が開けて行く。　5

　私たちの力を合わせ、日本全国をひっくり返す意気込みでやって行こう。　6

　今回は、その第一歩として、次のことを宣言します。　7

　1. 学校の主体は、私たち生徒である。　8
　　　学校は、生徒の個性を認め、生徒の主張を尊重すべきである。
　2. 体罰は絶対に許さない。暴力で従わせることは認めない。
　3. 校則の押し付けは許さない。服装、髪型は本人の自由である。
　4. 服装や持ち物を勝手に検査没収することは認めない。
　5. 私たちには、内申書を見る権利がある。内申書でおどすことは許さない。
　6. 私たちは「いじめ」などを受けずに安心して学ぶ権利がある。
　7. 障害、成績、能力、年齢、性別、容姿、国籍、思想信条、登校拒否、非行、家庭事情などを理由とするあらゆる差別を許さない。
　8. 私たちには、学ぶ権利がある。退学強要は許さない。
　9. 私たちは、学校に行くことを強制されない。
　10. 教師であるだけで、いばらないでほしい。
　　　教師は、生徒の立場に立って考えてほしい。
　11. 大人は、私たちの言い分をきちんと聞いてほしい。
　12. 大人は、私たちを束縛しないでほしい。
　　　私たちの人生は、私たちのものである。
　13. 私たちは、自分の権利や自由と共に、他人の権利や自由を尊重します。

　1988 年 5 月 8 日

シンポジウム「ぶっとばせ！　体罰・校則・退学処分──子どもたちの人間宣言」

参加子ども一同

（「東京シューレ」の子どもたち編『学校に行かない僕から学校に行かない君へ』
教育史料出版会、1991年）

> ### フリガナつき

1　私たちは、現在、学校をはじめ、いろいろなところで、人間的扱いを受けておらず、人間としての権利が踏みにじられています。

2　学校のことを考えると、行きたくなくなるのは、私たちだけではないはずです。

3　今日もたくさんの訴えが出ました。

4　この状態を変えるには、まず、私たちが立ち上がり、団結すること。そして、父母は私たちを理解し、他の大人たちも子どもたちを応援する。

5　そうすれば、きっと道が開けて行く。

6　私たちの力を合わせ、日本全国をひっくり返す意気込みでやって行こう。

7　今回は、その第一歩として、次のことを宣言します。

8
1. 学校の主体は、私たち生徒である。
   学校は、生徒の個性を認め、生徒の主張を尊重すべきである。
2. 体罰は絶対に許さない。暴力で従わせることは認めない。
3. 校則の押し付けは許さない。服装、髪型は本人の自由である。
4. 服装や持ち物を勝手に検査没収することは認めない。
5. 私たちには、内申書を見る権利がある。内申書でおどすことは許さない。
6. 私たちは「いじめ」などを受けずに安心して学ぶ権利がある。
7. 障害、成績、能力、年齢、性別、容姿、国籍、思想信条、登校拒否、非行、家庭事情などを理由とするあらゆる差別を許さない。
8. 私たちには、学ぶ権利がある。退学強要は許さない。
9. 私たちは、学校に行くことを強制されない。
10. 教師であるだけで、いばらないでほしい。
    教師は、生徒の立場に立って考えてほしい。
11. 大人は、私たちの言い分をきちんと聞いてほしい。
12. 大人は、私たちを束縛しないでほしい。

私たちの人生は、私たちのものである。

13. 私たちは、自分の権利や自由と共に、他人の権利や自由を尊重します。

1988年5月8日　　　　　　　　　　　　　　　　　　　　　9

シンポジウム「ぶっとばせ！　体罰・校則・退学処分──子どもたちの人間宣言」

参加子ども一同

（「東京シューレ」の子どもたち編『学校に行かない僕から学校に行かない君へ』　10
教育史料出版会、1991年）

資料—6　多様化する教育

●『朝日新聞』1997年5月12日付朝刊（「b. ユニーク学科　高校に続々」）

■■ 公立高校での特色ある学科の一部 ■■

北海道・留寿都高	農業福祉科	（94年）
福島県・猪苗代高	国際観光科	（94年）
埼玉県・児玉白楊高	環境デザイン科	（92年）
千葉県・下総高	航空車両整備科	（94年）
群馬県・尾瀬高	自然環境科	（96年）
山梨県・農林高	森林科学科	（94年）
愛知県・安城農林高	動物科学科	（96年）
京都府・嵯峨野高	京都こすもす科	（96年）
大阪市・汎愛高	武道科	（93年）
兵庫県・宝塚北高	演劇科	（85年）
和歌山県・向陽高	環境科学科	（93年）
広島県・西城商業高	サービス観光科	（91年）
佐賀県・高志館高	国際交流科	（94年）
宮崎県・宮崎海洋高	海洋科学科	（94年）
沖縄県・中部商業高	生涯スポーツ科	（94年）

〈注〉カッコ内は開設した年

●『朝日新聞』1997年5月31日付朝刊（「d. 個性育つか『飛び入学』」）

個性育つか『飛び入学』

「意欲ある子に刺激」
「人格ゆがめる恐れ」

中教審まとめに賛否

「あしき画一主義を打ち破り、個性を尊重した教育へ」。三十日に公表された中央教育審議会の審議のまとめは、こうした理念に据えて、さまざまな改革案を打ち出した。六・三・三・四制の教育システムは、どんな変革を迫られるのか。提言の一つ、数学・物理分野での大学への「飛び入学」を例に、中教審の描く教育と学校の未来像を点検する。

◆進学高生が対象

飛び入学の導入を目指す私立の進学高七校の教員を招いて「理科教育に関する研究会」を設置した。冬休みには、メンバーが推薦した高校生らを対象にセミナーを開き、教授らが数学や物理を教えた。

高校側は、筑波大付属や麻布、開成（以上東京）、千葉県立千葉、市立千葉、県立船橋、県立千葉東（以上千葉）の物理、数学担当の教諭。「飛び入学の対象となる子が多いと思われる高校生向けのサマーセミナーではないか」と話す。

この夏休みに実施する高校生向けのサマーセミナーを利用して、高校生に大学の単位を認めることも検討している。

一方、三年前から、数学

千葉大学は昨年十月、国公私立の進学高七校の教員を招いて「理科教育に関する研究会」を設置した。冬休みには、メンバーが推薦した高校生らを対象にセミナーを開き、教授らが数学や物理を教えた。

大学でドイツ語の授業を受ける十七歳の五修生の二人（中央手前）。周囲の大学生と区別がつかない＝東京都世田谷区の昭和女子大で

で科目等履修生を受け入れる「科目等履修生」の制度を利用して、高校生に大学の単位を認めることも検討している。

千葉大の中心メンバー、原田義也工学部教授は「研究会の目的は、高校と大学の間での日常的なつながりを持ち、飛び入学の問題点や実施方法を研究すること。これまでの取り組みを見ても、意欲ある生徒はいいい刺激となり、効果はいい」と話す。数学・物理に限らず他の分野でも取り入れたい。

大学が高校生の才能を伸ばす場を提供することに賛成だが、飛び入学には否定的だ。

「稀有（けう）な才能の定義が不明確で、生徒の青田買いにつながりかねない。行き過ぎた早期専門教育はトータルな人格形成を阻害し、人間性をゆがめる恐れがある。

ている名古屋大学。日本数学会副理事長の浪川幸彦教授は、大学が高校生の才能を伸ばす場を提供することに賛成だが、飛び入学には否定的だ。

54

●社会人特別選抜入試を実施する学部(学部数)(「f. 社会人入学」)

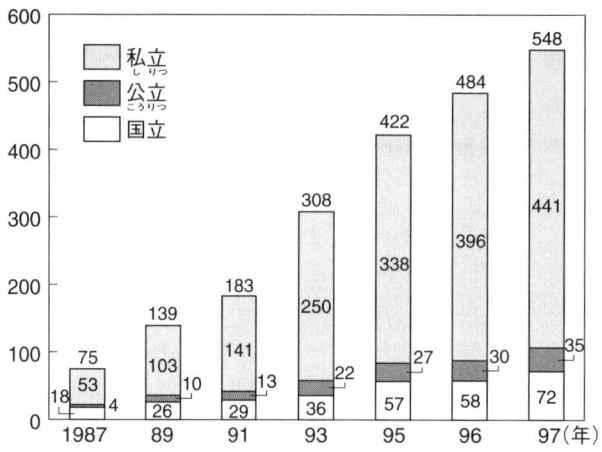

●社会人学生受け入れ(1997年)(「f. 社会人入学」)

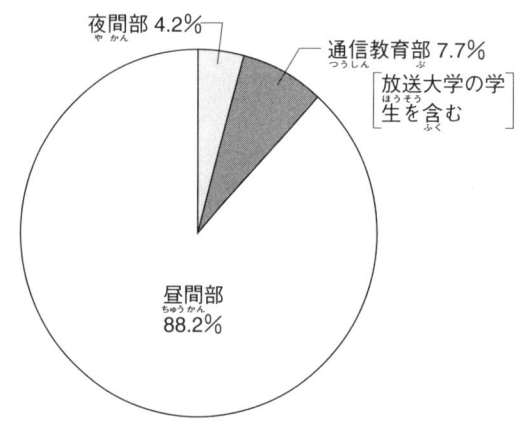

フリガナなし

a.「フリースクール」ってなあに？　₁

　フリースクールは、文字どおり "自由な学校" という意味です。もともとヨーロッパ　₂
が発祥の地で、子どもや親が中心になって学ぶ内容や活動を決めていく、自主的な意志
が強く反映された学校のありかたです。ここ 20 年ぐらいの間に、アメリカのフリース
クールを訪問し、その影響を受けて日本でもフリースクールを始めた方がずいぶんいま
す。しかし、その出発点が公教育に対する批判から生まれたものであるにもかかわらず、
結果的に「不登校の子どもたちの受け皿」のようになってしまっています。もちろん、最
初から不登校の子どもたちを受け入れるつもりで作られた所もありますが。

　さて、活動内容ですが、多くのフリースクールでは、子どもたちの自主的な意志にま　₃

かせ、「ミーティング」の時間をもうけて、自分たちでやりたいことを決めて活動に入ります。たとえば、あるフリースクールでは、1週間の大きな時間割の枠は決まっていて、具体的な内容は当日決めるというやり方をしています。月曜日の午前中は音楽、午後は体育。火曜日の午前中は国語、午後は芸術……という具合に。

4　スタッフは教員の資格を持っている人と持っていない人がいます。また、活動にかかわってくれる人は、あるときは町の職人さんだったりと様々です。もちろん、自分で決めた学びをする場ですから、学校に行っていない分の補習授業的なことをしてくれる所もあります。たとえば中学には行っていないんだけど高校受験をしたいという子については、それを支援する学習を行ってくれるところもあります。ただ、欧米のフリースクールとの大きな違いは、学校として認められているかいないかという点です。日本でのフリースクールはいわば"私塾"のような扱いですから、そこに通ったからといって公に認められる学校の卒業資格などはありません。欧米の場合、そこで学んだという事実があれば、高校卒業の資格も与えられます。もちろんそこには学校制度の違いが存在するので仕方がない面もありますが、フリースクールに通った日数を学校の出席日数に換算してもらえるようにしている所もありますし、大検が受けられるようにしている所もあります。また、心のケアという意味では、医療機関と連携をとったり、常駐のカウンセラーがいる所もあります。

5　費用はその施設によってまちまちです。自宅を開放している所もあれば、独立した場所を借りて運営している所など条件によってもかかる費用は違います。しかし、学校とは違うので、いろいろな活動をしようとすればするほどお金もかかります。

6　いずれにせよ、自分がどういうことを今必要としているのか、どんなことをやっていきたいのか、それができるフリースクールなのかということを、見学したり話を聞いたりした上で、選ぶべきだと思います。

7　　（オクムラ書店編・発行『小中学生・不登校生のためのフリースクールガイド』、1999年）

b. ユニーク学科　高校に続々

【728科、目立つ「福祉」「国際」…】

「生徒の個性・関心の重視」「特色ある学校づくり」を合言葉に、学科の新設や改編、新しいタイプの学校づくりなど教育の「多様化路線」が推し進められている。文部省が今年1月にまとめた「高等学校教育の改革に関する推進状況」によると、昨年度までに「特色ある学科」を設置したのは商業や工業といった職業学科系で490、その他の音楽や美術といった専門学科系で238学科。高齢化、国際化社会に対応して、「福祉」「国際」「環境」

を冠するものが目立つ。

　普通科でも、「国際文化」「健康科学」などが増えている。　　　　　　　　　　　　　　4

　また、全員が「京都文化論」を学ぶ京都府立嵯峨野高校の「京都こすもす科」のよう　　5
に、幅広い分野から生徒が自由に授業を選ぶ「総合選択制」を取り入れた学校もある。京
都市は今春、音楽科単独の専門高校を設立。個別指導で音楽家の育成をめざす。

【多様な人材育成へ　進路確保には悩み】　　6

　人材育成や地域性という観点を明確に打ち出した個性的な学科が全国の高校に生まれ　　7
ている。芸能や環境、観光、福祉などをキーワードに、社会の多様化にあわせた人づく
りが目的で、徐々に卒業生も巣立ち始めた。内外の大学などに進学、留学して専門学科
を深めたり、夢を追いかけてプロに飛び込む人もいる一方で、ユニークな学科ゆえに進
路の壁も立ちはだかっている。

＊

　福島県立猪苗代高校の「国際観光科」は今春、初めての卒業生を送り出した。磐梯山　　8
や猪苗代湖という地元観光地で働き、外国からの観光客にも対応できる人材がほしいと
いう地域の要望で 1994 年に開設。卒業生 37 人のうち、ホテル・旅館業に就職したのは
9 人。「大人の考える学科の意義は格好良いが、生徒にその意義を伝えるのは難しい。国
際、観光といった分野から興味がそれた生徒にどう対応するかが課題だ」と笠間武甫校
長。志願率も伸び悩んでいる。

　「専門性を深め、将来像を示すためにも観光関係学科を持つ大学に推薦入学できるよう　　9
な枠組みがほしい」と指導教諭は言う。

＊

　宮城県の県立柴田農林高校は、緑地工学科を改編して 2 年前、「環境デザイン科」をつ　　10
くった。

　造園、土木の技術に直結する授業のほか、川に入って水生昆虫を観察したり、小さな　　11
生き物が生息できる石垣をつくったりして、自然と共生するモノづくりを考える授業を
取り入れた。

　だが、一期生が今春 3 年生となり、進路指導が本格化するのを目前に、学科主任の池　　12
田峰夫教諭の悩みは尽きない。

　「これからは身の回りの自然環境に考慮した工事方法が必要な時代だと確信している。　　13
だが、公務員の技術職試験でさえ、まだその時流に乗っていない」

　「せっかく学んでも、環境に直結した就職先を捜すのは難しい」　　　　　　　　　　　14

（『朝日新聞』1997 年 5 月 12 日付朝刊）　　15

1　# c. 大検とは？

2　　大検(大学入学資格検定)は種々の事情により高校に進学しなかった人や、中退した人に大学入学資格を与える為の文部省の検定試験です。受検者数も年々増加しており、社会的にも教育界においても注目をあつめています。

3　## 【「大検」＝大学入学資格検定】

4　　大学入学資格検定(「大検」)は、その人が、高等学校の卒業者と同等以上の学力があるかどうかを認定することを目的とする国の検定であり、所定の科目の全部に合格するとその資格を得られます。ただし、その人が満 18 歳に達していないときには、満 18 歳に達した日の翌日から合格者となります。

5　　合格すれば、希望する国・公・私立のどの大学・短大・専門学校でも受験できます。また、各種の国家試験などの受験に際しても、通常、高等学校の卒業者と同じ扱いを受けることができます。

6　## 【受検できるのはどんな人？】

7　　受検資格は、まず、満 16 歳以上であること。そして日本の高校を卒業していないか、もしくは、定時制や通信制の高校に在籍している人に受検資格があります。

8　　平成 12 年度より、中学校を卒業していない人にも大検の受検が認められるようになりました。そのため、インターナショナルスクールや外国人学校の在学者・卒業者、また、事情により義務教育を修了していない人も大検を受けることができるようになります。

9　　海外で高校に相当する教育課程を受けた人や、在日の外国人学校・インターナショナルスクールなどは、卒業しても国公立大学の受験資格が与えられないこともあります。その場合にも、大検に合格することで進路が広がります。

10　　ただし、高等専門学校の第 3 学年を修了した人は受検できません。

11　　また、全日制高校または高等専門学校に在籍している人も受検できません。

12　## 【大検の歴史】

13　　大検の歴史は古く、第二次世界大戦の後、昭和 26 年にそれまであった専修学校入学資格検定(専検)と実業学校入学資格検定(実検)とが合わせられ、大学入学資格検定となりました。

14　　当初は、戦争のために勉学を断念せざるを得なかった人に対して、再び勉学への道筋を援助するための救済措置として発足しました。

昭和26年当時は、出願者も8千人ほどでしたが、年々増え続け、現在ではおよそ2万 15
名を超えています。当初の「救済」という目的から発展し、今日では、「第二の進学手
段」へと確立されてきたようです。

【新しいエリート・コース】 16

大検の歴史を見ると、はじめのころは、戦争によって高校へ行けなかった人への救済 17
措置というものでした。

しだいに、高校を理由あって中退した生徒たちが、さらに大学へと進むために大検を 18
とるようになりました。

そして最近では、自分が望む大学に進むために、あえて高校を中退し、大検予備校に 19
通ったり、留学するなどして勉強するという人たちが現れてきました。これは全く新し
い現象で、大検というシステムを使った「新しいエリート・コース」であると言えるか
もしれません。

現在、1年に約10万人もの高校生が中退しています。10万人といえば、一つの県の高 20
校生全員くらいの人数です。その大勢の人たちの中から、大検に挑戦し、合格する人が
年々増えています。

【生涯学習としての大検】 21

近年、老人の人口が増加しつつあります。 22

お年よりの中には、高校に行かなかった人や、行きたくても行けなかった人が大勢い 23
ます。そして、奮起して大検を受けようと勉強し始める人もたくさんいます。

(第一高等学院編『平成12年度大検合格ガイド』旺文社、1999年) 24

d. 個性育つか「飛び入学」 1

「あしき画一主義を打ち破り、個性を尊重した教育へ」。30日に公表された中央教育審 2
議会の審議のまとめは、こうした理念を基本に据えて、さまざまな改革案を打ち出した。
6・3・3・4制の教育システムは、どんな変革を迫られるのか。提言の一つ、数学・物理
分野での大学への「飛び入学」を例に、中教審の描く教育と学校の未来像を点検する。

【進学校生が対象】 3

飛び入学の導入を目指す千葉大学は昨年10月、国公私立の進学校7校の教員を招いて、 4
「理科教育に関する研究会」を設置した。

5　冬休みには、メンバーが推薦した高校生らを対象にセミナーを開き、教授らが数学と物理を教えた。

6　高校側は、筑波大付属や麻布、開成(以上東京)、千葉県立千葉、県立船橋、県立千葉東、市立千葉(以上千葉)の物理、数学担当の教諭。「飛び入学の対象となる子が多いと思われる」というのが選択理由だ。

7　千葉大の中心メンバー、原田義也工学部教授は「研究会の目的は、高校と大学の間で日常的なつながりを持ち、飛び入学の問題点や実施方法を研究すること。これまでの取り組みを見ても、意欲ある生徒にはいい刺激となり、効果はあったと思う。数学・物理に限らず他の分野でも取り入れたい」と話す。

8　学外の人が大学で学んで単位を取れる「科目等履修生」の制度を利用して、高校生に大学の単位を認めることも検討している。

9　一方、3年前から、数学で科目等履修生を受け入れている名古屋大学。日本数学会理事長の浪川幸彦教授は、大学が高校生の才能を伸ばす場を提供することには賛成だが、飛び入学には否定的だ。

10　「稀有な才能の定義が不明確で、生徒の青田買いにつながりかねない。行き過ぎた早期専門教育はトータルな人格形成を阻害し、人間性をゆがめる恐れがある。」

11　　　　　　　　　　　　　　　　　　　　　　　　　　(『朝日新聞』1997 年 5 月 31 日付朝刊)

1　e. 選んだ17歳

2　千葉大学(丸山工作学長)は 19 日、この春から全国で初めて導入する「飛び入学」の合格者を発表した。「稀有な才能を持つ者」を対象に高校 2 年から大学に進学する道を開く制度で、3 人が合格した。4 月から、17 歳で学生生活のスタートを切る。

3　【物理専門に学ぶ】

4　初年度は物理学の分野で募集。英国在住者や大学入学資格検定合格者を含む全国の計11 人が挑戦した。

5　「火星から水がなくなったのはなぜか」などをテーマに「ひらめき」を見ることに重点を置いた小論文や実験、1 人につき 1 時間をかけた面接で選抜した。

6　合格したのは、いずれも高校 2 年生で、千葉県・私立成田高の佐藤和俊さんと福岡県・県立門司高の梶田晴司さん、同・県立嘉穂高理数科の男子生徒。小論文の採点や面接などには、それぞれ 10 人前後の教官があたり、3 人については合格とすることで試験担当者全員の意見が一致したという。

入学後は工学部に所属する。1人につき2人の個人指導教官がつき、1人は主に物理学の専門的な指導をする。もう1人は文科系の教官が担当し、受講科目の選択など学生生活全般の相談にのる。国際的に活躍する科学者となるよう英語教育も重視し、海外の提携大学での語学研修も計画している。

高校は中退することになるが、千葉大を中退し他大学に再入学の試験を受ける場合、文部省の通知で大学入学資格が認められるという。

丸山学長は「受験者は11人だったが、よくぞこういう人たちが、という生徒が受けてくれた。過保護にならぬようにしつつ、潜在能力が花開くよう協力していきたい」と話した。

【「夢は科学者」】

合格の知らせが届いた北九州市門司区栄町、門司高の梶田晴司さん(17)は「自然保護に関心があり、石油に替わるエネルギーなどの研究もしたい。科学者になるのが夢です」と話した。

高校によると、成績はトップクラスで、物理や数学のほか英語が得意という。美術部に所属し、剣道も二段の腕前だ。「飛び入学」の選抜試験は学年主任の勧めで受けた。藤田潤校長は「彼は発想がとてもユニークな生徒」と言う。商店街で貴金属・時計店を営む昭二さん(54)の次男。昭二さんは「本人にそれだけの資質があるのかどうか、合格のうれしさより、不安の方が大きい」と話した。

(『朝日新聞』1998年1月20日付朝刊)

f. 社会人入学

生涯学習振興の観点から、大学における多様な学習機会の提供は現在の大学改革の大きな柱の一つとなっている。

大学における社会人受け入れの現状を見ると、まず一般の志願者とは異なり小論文や面接などを中心として、経験や勉学意欲を見ることに主眼を置いた「社会人特別選抜制度」は、文部省の指導もあって私立大学を中心に年々増加し、1997年度現在291大学で実施されている。この特別選抜による社会人入学者も4823人(国立大学は780人)に達している。また、社会人の高度で専門的な学習需要に対応するため、大学院でも219大学(入学者6112人)で実施されている。

次に、時間的制約などによりフルタイムの学習が困難な者のための学習機会として夜間部や昼夜開講制による教育が実施されている。夜間の学部(学科)を有する大学は74大

学(学生数約 12 万 6000 人)、短期大学は 84 大学(同約 1 万 1000 人)となっている。また、89 年から制度化された夜間大学院(修士課程)は、現在 12 大学 25 専攻が設置されている(97 年度)。

5 昼夜にわたって授業を開設する昼夜開講制は、97 年度現在 45 大学で、大学院では 145 大学に達している。

6 (『1999–2000 教育データランド』時事通信社、1999 年)

g. 社会人教育に大学は努めて

2 現在、我が国において少子化の問題が取りざたされ、その影響が各方面に広がっている。特に、大学への受験生が激減し、大学の経営破たんが懸念されているが、大学のあり方として、私は成人・社会人向けの入学制度と学習環境の充実を望みたい。

3 我が国より先に少子化を経験した欧米の大学では、大学生の中で 25 歳以上の成人大学生の占める割合は、日本のそれを大幅に上回っているという。

4 日本でも最近、社会人の受け入れ枠が増えてきたとはいえ、まだ若者独占型を保っている。このような差が生じたのは、社会制度や慣習の違いもあると思うが、それ以上に大学側の市民教育への情熱と経営努力の差であると思う。

5 欧米の大学では、講義の昼夜開講、インターネットによる遠隔授業などを行い、成人、社会人の学習や単位、資格の取得を可能にする仕組みを打ち出しているところがある。日本でも従来の慣習にとらわれず、先に述べた外国の方策に加え、早朝の講義や土、日の集中講義など新しい仕組みを図り、幅広い市民を対象にした大学、大学院制度を早急に築くべきだと思う。　　　　　　　　　　　　　　　(広告写真家・男性　44 歳)

6 (『朝日新聞』2000 年 1 月 30 日付朝刊)

h. 96 歳の大学生

2 「私は希望どおり、96 歳の現役大学生になりました。卒業するときは、満 100 歳になるはずです」　　　　　　　　　　　　　　　(歌川豊国著「96 歳の大学生」)

＊

3 大学入試も終盤。吉報を望んでいるのは、高校生や浪人生ばかりではない。社会人入試に挑戦した高齢者も、大学の門をくぐる日を心待ちにし、新しい出会いを楽しみにしている。

4 彼らの存在は、一緒に机を並べる若者たちにとっても興味深いことだろう。大家族や

地域コミュニティーが崩れた今、若者たちがつき合うのはもっぱら同世代の仲間たち。親でも先生でもない、同じ大学生という立場で上の世代と語り合えるのは得難いことだ。

　明治36年生まれの歌川さんは、大正7年に起きた「米騒動」を目撃している。若者たちは、教科書でしか知らない歴史上の出来事を、生き証人の口を通して聞くことができるかもしれない。講義では味わえない体験だ。 5

　歌川さんは、高齢者は「長年の経験を無形文化財として世に残そう」と提唱している。そうした場を積極的に提供していくことも、これからの大学が果たすべき役割だろう。 6

（『日本経済新聞』2000年1月22日付朝刊） 7

（フリガナつき）

a.「フリースクール」ってなあに？ 1

　フリースクールは、文字どおり"自由な学校"という意味です。もともとヨーロッパ 2 が発祥の地で、子どもや親が中心になって学ぶ内容や活動を決めていく、自主的な意志が強く反映された学校のありかたです。ここ20年ぐらいの間に、アメリカのフリースクールを訪問し、その影響を受けて日本でもフリースクールを始めた方がずいぶんいます。しかし、その出発点が公教育に対する批判から生まれたものであるにもかかわらず、結果的に「不登校の子どもたちの受け皿」のようになってしまっています。もちろん、最初から不登校の子どもたちを受け入れるつもりで作られた所もありますが。

　さて、活動内容ですが、多くのフリースクールでは、子どもたちの自主的な意志にま 3 かせ、「ミーティング」の時間をもうけて、自分たちでやりたいことを決めて活動に入ります。たとえば、あるフリースクールでは、1週間の大きな時間割の枠は決まっていて、具体的な内容は当日決めるというやり方をしています。月曜日の午前中は音楽、午後は体育。火曜日の午前中は国語、午後は芸術……という具合に。

　スタッフは教員の資格を持っている人と持っていない人がいます。また、活動にかか 4 わってくれる人は、あるときは町の職人さんだったりと様々です。もちろん、自分で決めた学びをする場ですから、学校に行っていない分の補習授業的なことをしてくれる所もあります。たとえば中学には行っていないんだけど高校受験をしたいという子については、それを支援する学習を行ってくれるところもあります。ただ、欧米のフリースクールとの大きな違いは、学校として認められているかいないかという点です。日本でのフリースクールはいわば"私塾"のような扱いですから、そこに通ったからといって公に認められる学校の卒業資格などはありません。欧米の場合、そこで学んだとい

う事実があれば、高校卒業の資格も与えられます。もちろんそこには学校制度の違いが存在するので仕方がない面もありますが、フリースクールに通った日数を学校の出席日数に換算してもらえるようにしている所もありますし、大検が受けられるようにしている所もあります。また、心のケアという意味では、医療機関と連携をとったり、常駐のカウンセラーがいる所もあります。

5　費用はその施設によってまちまちです。自宅を開放している所もあれば、独立した場所を借りて運営している所など条件によってもかかる費用は違います。しかし、学校とは違うので、いろいろな活動をしようとすればするほどお金もかかります。

6　いずれにせよ、自分がどういうことを今必要としているのか、どんなことをやっていきたいのか、それができるフリースクールなのかということを、見学したり話を聞いたりした上で、選ぶべきだと思います。

7　（オクムラ書店編・発行『小中学生・不登校生のためのフリースクールガイド』、1999年）

1　b. ユニーク学科　高校に続々

2　【728科、目立つ「福祉」「国際」…】

3　「生徒の個性・関心の重視」「特色ある学校づくり」を合言葉に、学科の新設や改編、新しいタイプの学校づくりなど教育の「多様化路線」が推し進められている。文部省が今年1月にまとめた「高等学校教育の改革に関する推進状況」によると、昨年度までに「特色ある学科」を設置したのは商業や工業といった職業学科系で490、その他の音楽や美術といった専門学科系で238学科。高齢化、国際化社会に対応して、「福祉」「国際」「環境」を冠するものが目立つ。

4　普通科でも、「国際文化」「健康科学」などが増えている。

5　また、全員が「京都文化論」を学ぶ京都府立嵯峨野高校の「京都こすもす科」のように、幅広い分野から生徒が自由に授業を選ぶ「総合選択制」を取り入れた学校もある。京都市は今春、音楽科単独の専門高校を設立。個別指導で音楽家の育成をめざす。

6　【多様な人材育成へ　進路確保には悩み】

7　人材育成や地域性という観点を明確に打ち出した個性的な学科が全国の高校に生まれている。芸能や環境、観光、福祉などをキーワードに、社会の多様化にあわせた人づくりが目的で、徐々に卒業生も巣立ち始めた。内外の大学などに進学、留学して専門学科を深めたり、夢を追いかけてプロに飛び込む人もいる一方で、ユニークな学科ゆえに進路の壁も立ちはだかっている。

*

福島県立猪苗代高校の「国際観光科」は今春、初めての卒業生を送り出した。磐梯山 8
や猪苗代湖という地元観光地で働き、外国からの観光客にも対応できる人材がほしい
という地域の要望で1994年に開設。卒業生37人のうち、ホテル・旅館業に就職し
たのは9人。「大人の考える学科の意義は格好良いが、生徒にその意義を伝えるのは難
しい。国際、観光といった分野から興味がそれた生徒にどう対応するかが課題だ」と笠
間武甫校長。志願率も伸び悩んでいる。

「専門性を深め、将来像を示すためにも観光関係学科を持つ大学に推薦入学できるよ 9
うな枠組みがほしい」と指導教諭は言う。

*

宮城県の県立柴田農林高校は、緑地工学科を改編して2年前、「環境デザイン科」を 10
つくった。

造園、土木の技術に直結する授業のほか、川に入って水生昆虫を観察したり、小 11
さな生き物が生息できる石垣をつくったりして、自然と共生するモノづくりを考える
授業を取り入れた。

だが、一期生が今春3年生となり、進路指導が本格化するのを目前に、学科主任の池 12
田峰夫教諭の悩みは尽きない。

「これからは身の回りの自然環境に考慮した工事方法が必要な時代だと確信している。 13
だが、公務員の技術職試験でさえ、まだその時流に乗っていない」

「せっかく学んでも、環境に直結した就職先を捜すのは難しい」 14

（『朝日新聞』1997年5月12日付朝刊） 15

c. 大検とは？ 1

大検（大学入学資格検定）は種々の事情により高校に進学しなかった人や、中退した 2
人に大学入学資格を与える為の文部省の検定試験です。受検者数も年々増加しており、
社会的にも教育界においても注目をあつめています。

【「大検」＝大学入学資格検定】 3

大学入学資格検定（「大検」）は、その人が、高等学校の卒業者と同等以上の学力が 4
あるかどうかを認定することを目的とする国の検定であり、所定の科目の全部に合格す
るとその資格を得られます。ただし、その人が満18歳に達していないときには、満18
歳に達した日の翌日から合格者となります。

5 　合格すれば、希望する国・公・私立のどの大学・短大・専門学校でも受験できます。また、各種の国家試験などの受験に際しても、通常、高等学校の卒業者と同じ扱いを受けることができます。

6 【受検できるのはどんな人？】

7 　受検資格は、まず、満16歳以上であること。そして日本の高校を卒業していないか、もしくは、定時制や通信制の高校に在籍している人に受検資格があります。

8 　平成12年度より、中学校を卒業していない人にも大検の受検が認められるようになりました。そのため、インターナショナルスクールや外国人学校の在学者・卒業者、また、事情により義務教育を修了していない人も大検を受けることができるようになります。

9 　海外で高校に相当する教育課程を受けた人や、在日の外国人学校・インターナショナルスクールなどは、卒業しても国公立大学の受験資格が与えられないこともあります。その場合にも、大検に合格することで進路が広がります。

10 　ただし、高等専門学校の第3学年を修了した人は受検できません。

11 　また、全日制高校または高等専門学校に在籍している人も受検できません。

12 【大検の歴史】

13 　大検の歴史は古く、第二次世界大戦の後、昭和26年にそれまであった専修学校入学資格検定（専検）と実業学校入学資格検定（実検）とが合わせられ、大学入学資格検定となりました。

14 　当初は、戦争のために勉学を断念せざるを得なかった人に対して、再び勉学への道筋を援助するための救済措置として発足しました。

15 　昭和26年当時は、出願者も8千人ほどでしたが、年々増え続け、現在ではおよそ2万名を超えています。当初の「救済」という目的から発展し、今日では、「第二の進学手段」へと確立されてきたようです。

16 【新しいエリート・コース】

17 　大検の歴史を見ると、はじめのころは、戦争によって高校へ行けなかった人への救済措置というものでした。

18 　しだいに、高校を理由あって中退した生徒たちが、さらに大学へと進むために大検をとるようになりました。

19 　そして最近では、自分が望む大学に進むために、あえて高校を中退し、大検予備校に

66

通ったり、留学するなどして勉強するという人たちが現れてきました。これは全く新しい現象で、大検というシステムを使った「新しいエリート・コース」であると言えるかもしれません。

現在、1年に約10万人もの高校生が中退しています。10万人といえば、一つの県の高校生全員くらいの人数です。その大勢の人たちの中から、大検に挑戦し、合格する人が年々増えています。

【生涯学習としての大検】

近年、老人の人口が増加しつつあります。

お年よりの中には、高校に行かなかった人や、行きたくても行けなかった人が大勢います。そして、奮起して大検を受けようと勉強し始める人もたくさんいます。

（第一高等学院編『平成12年度大検合格ガイド』旺文社、1999年）

d. 個性育つか「飛び入学」

「あしき画一主義を打ち破り、個性を尊重した教育へ」。30日に公表された中央教育審議会の審議のまとめは、こうした理念を基本に据えて、さまざまな改革案を打ち出した。6・3・3・4制の教育システムは、どんな変革を迫られるのか。提言の一つ、数学・物理分野での大学への「飛び入学」を例に、中教審の描く教育と学校の未来像を点検する。

【進学校生が対象】

飛び入学の導入を目指す千葉大学は昨年10月、国公私立の進学校7校の教員を招いて、「理科教育に関する研究会」を設置した。

冬休みには、メンバーが推薦した高校生らを対象にセミナーを開き、教授らが数学と物理を教えた。

高校側は、筑波大付属や麻布、開成(以上東京)、千葉県立千葉、県立船橋、県立千葉東、市立千葉(以上千葉)の物理、数学担当の教諭。「飛び入学の対象となる子が多いと思われる」というのが選択理由だ。

千葉大の中心メンバー、原田義也工学部教授は「研究会の目的は、高校と大学の間で日常的なつながりを持ち、飛び入学の問題点や実施方法を研究すること。これまでの取り組みを見ても、意欲ある生徒にはいい刺激となり、効果はあったと思う。数学・物理に限らず他の分野でも取り入れたい」と話す。

8　学外の人が大学で学んで単位を取れる「科目等履修生」の制度を利用して、高校生に大学の単位を認めることも検討している。

9　一方、3年前から、数学で科目等履修生を受け入れている名古屋大学。日本数学会理事長の浪川幸彦教授は、大学が高校生の才能を伸ばす場を提供することには賛成だが、飛び入学には否定的だ。

10　「稀有な才能の定義が不明確で、生徒の青田買いにつながりかねない。行き過ぎた早期専門教育はトータルな人格形成を阻害し、人間性をゆがめる恐れがある。」

11　　　　　　　　　　　　　　　　　　　　　　（『朝日新聞』1997年5月31日付 朝刊）

e. 選んだ17歳

千葉大学(丸山工作学長)は19日、この春から全国で初めて導入する「飛び入学」の合格者を発表した。「稀有な才能を持つ者」を対象に高校2年から大学に進学する道を開く制度で、3人が合格した。4月から、17歳で学生生活のスタートを切る。

【物理専門に学ぶ】

初年度は物理学の分野で募集。英国在住者や大学入学資格検定合格者を含む全国の計11人が挑戦した。

「火星から水がなくなったのはなぜか」などをテーマに「ひらめき」を見ることに重点を置いた小論文や実験、1人につき1時間をかけた面接で選抜した。

合格したのは、いずれも高校2年生で、千葉県・私立成田高の佐藤和俊さんと福岡県・県立門司高の梶田晴司さん、同・県立嘉穂高理数科の男子生徒。小論文の採点や面接などには、それぞれ10人前後の教官があたり、3人については合格とすることで試験担当者全員の意見が一致したという。

入学後は工学部に所属する。1人につき2人の個人指導教官がつき、1人は主に物理学の専門的な指導をする。もう1人は文科系の教官が担当し、受講科目の選択など学生生活全般の相談にのる。国際的に活躍する科学者となるよう英語教育も重視し、海外の提携大学での語学研修も計画している。

高校は中退することになるが、千葉大を中退し他大学に再入学の試験を受ける場合、文部省の通知で大学入学資格が認められるという。

丸山学長は「受験者は11人だったが、よくぞこういう人たちが、という生徒が受けてくれた。過保護にならぬようにしつつ、潜在能力が花開くよう協力していきたい」と話した。

【「夢は科学者」】

合格の知らせが届いた北九州市門司区栄町、門司高の梶田晴司さん(17)は「自然保護に関心があり、石油に替わるエネルギーなどの研究もしたい。科学者になるのが夢です」と話した。

高校によると、成績はトップクラスで、物理や数学のほか英語が得意という。美術部に所属し、剣道も二段の腕前だ。「飛び入学」の選抜試験は学年主任の勧めで受けた。藤田潤校長は「彼は発想がとてもユニークな生徒」と言う。商店街で貴金属・時計店を営む昭二さん(54)の次男。昭二さんは「本人にそれだけの資質があるのかどうか、合格のうれしさより、不安の方が大きい」と話した。

(『朝日新聞』1998年1月20日付朝刊)

f. 社会人入学

生涯学習振興の観点から、大学における多様な学習機会の提供は現在の大学改革の大きな柱の一つとなっている。

大学における社会人受け入れの現状を見ると、まず一般の志願者とは異なり小論文や面接などを中心として、経験や勉学意欲を見ることに主眼を置いた「社会人特別選抜制度」は、文部省の指導もあって私立大学を中心に年々増加し、1997年度現在291大学で実施されている。この特別選抜による社会人入学者も4823人(国立大学は780人)に達している。また、社会人の高度で専門的な学習需要に対応するため、大学院でも219大学(入学者6112人)で実施されている。

次に、時間的制約などによりフルタイムの学習が困難な者のための学習機会として夜間部や昼夜開講制による教育が実施されている。夜間の学部(学科)を有する大学は74大学(学生数約12万6000人)、短期大学は84大学(同約1万1000人)となっている。また、89年から制度化された夜間大学院(修士課程)は、現在12大学25専攻が設置されている(97年度)。

昼夜にわたって授業を開設する昼夜開講制は、97年度現在45大学で、大学院では145大学に達している。

(『1999–2000教育データランド』時事通信社、1999年)

g. 社会人教育に大学は努めて

現在、我が国において少子化の問題が取りざたされ、その影響が各方面に広がって

いる。特に、大学への受験生が激減し、大学の経営破たんが懸念されているが、大学のあり方として、私は成人・社会人向けの入学制度と学習環境の充実を望みたい。

3　我が国より先に少子化を経験した欧米の大学では、大学生の中で 25 歳以上の成人大学生の占める割合は、日本のそれを大幅に上回っているという。

4　日本でも最近、社会人の受け入れ枠が増えてきたとはいえ、まだ若者独占型を保っている。このような差が生じたのは、社会制度や慣習の違いもあると思うが、それ以上に大学側の市民教育への情熱と経営努力の差であると思う。

5　欧米の大学では、講義の昼夜開講、インターネットによる遠隔授業などを行い、成人・社会人の学習や単位、資格の取得を可能にする仕組みを打ち出しているところがある。日本でも従来の慣習にとらわれず、先に述べた外国の方策に加え、早朝の講義や土、日の集中講義など新しい仕組みを図り、幅広い市民を対象にした大学、大学院制度を早急に築くべきだと思う。　　　　　　　　　　　　（広告写真家・男性　44 歳）

6　　　　　　　　　　　　　　　　　　（『朝日新聞』2000 年 1 月 30 日付 朝刊）

1 ## h. 96 歳の大学生

2　「私は希望どおり、96 歳の現役大学生になりました。卒業するときは、満 100 歳になるはずです」　　　　　　　　　　　　　（歌川豊国著「96 歳の大学生」）

＊

3　大学入試も終盤。吉報を望んでいるのは、高校生や浪人生ばかりではない。社会人入試に挑戦した高齢者も、大学の門をくぐる日を心待ちにし、新しい出会いを楽しみにしている。

4　彼らの存在は、一緒に机を並べる若者たちにとっても興味深いことだろう。大家族や地域コミュニティーが崩れた今、若者たちがつき合うのはもっぱら同世代の仲間たち。親でも先生でもない、同じ大学生という立場で上の世代と語り合えるのは得難いことだ。

5　明治 36 年生まれの歌川さんは、大正 7 年に起きた「米騒動」を目撃している。若者たちは、教科書でしか知らない歴史上の出来事を、生き証人の口を通して聞くことができるかもしれない。講義では味わえない体験だ。

6　歌川さんは、高齢者は「長年の経験を無形文化財として世に残そう」と提唱している。そうした場を積極的に提供していくことも、これからの大学が果たすべき役割だろう。

7　　　　　　　　　　　　　　（『日本経済新聞』2000 年 1 月 22 日付 朝刊）

■ 話そう・書こう ■　情報を自分のことばで表現しよう

ステップ1　資料からの情報

[1] それぞれの資料の情報を書きながらまとめましょう。

	だれからの情報でしたか	何が分かりましたか	どの部分から分かりましたか
資料―1			
資料―2			
資料―3			
資料―4			
資料―5			
資料―6			

⬇

[2] それぞれの資料を関係づけて、このテーマについての情報をまとめましょう。

ステップ 2　あなたからの情報

[1] ステップ 1 でまとめた情報の中で、新しい情報はありましたか。

（あった・なかった）

[2] どれが新しい／新しくない情報でしたか。

[3] ステップ 1 でまとめた情報は、あなたの国と同じでしたか。

（すべて同じ・違う点もある・まったく違う）

[4] どの情報からそのように思いましたか。

[5] 次のトピックについてあなたの考えをスピーチや作文で表現してみましょう。
- 私の国の教育制度
- 私の国の教育問題
- 日本と私の国での教育の違い
- 私が理想とする教育
- その他（　　　　　　　　　　）

ステップ 3　もっと知りたい！

　このテーマについてもっと知るために、どのような情報が必要ですか。参考図書の Amano (1990)、Cummings (1980)、石田 (1992)、今橋 (1991)、横湯 (1997) などを参考にして調べてみましょう。

「最近の若者は…」

キーワード

青春、若者、流行、友だち、人間関係、
せいしゅん　わかもの　りゅうこう　とも　　　　にんげんかんけい
外見、内面、世代
がいけん　ないめん　せだい

知っていることを話そう ● キーワードを使って 知っている情報を整理しよう

[1] 町に出ると、あなたのまわりに「若者」がたくさんいると思います。

　1) それは、どのような人たちですか。

　2) どのような服装・髪型をしていますか。

　3) どのような行動をしていますか。

　4) その若者たちはどのようなことが好きだと思いますか。

[2] あなたは、日本の「若者」と話したことがありますか。

　1) その人はどのような人でしたか。

　2) そのとき、どのような印象をうけましたか。

[3] 「最近の若者は…」ということばを聞いたことがありますか。

　1) それはどのような意味ですか。

　2) あなたの国では「大人」と「若者」の間に考え方のギャップがありますか。

　3) 日本では「大人」と「若者」の間に考え方のギャップがあると思いますか。

[4] 若者の「外見」(表面的なこと)はよくわかりますね。「若者」の「心の中」(内面)はどうでしょうか。

　1) 「大人」(社会)は「若者」をどう思っているでしょうか。

　2) 「若者」は自分たちのことをどう思っているでしょうか。

　3) あなたは若者をどう思いますか。

◆ ここから考えよう ◆　もっと情報を集めよう

次の資料から日本の若者について、いろいろな情報を読みとりましょう。

- 資料—1　いつの時代も若者は
    - a. ジーパン　レディーははかぬ？(新聞記事)
    - b. ジーパンで解雇とは…　こんどは OL が訴える(新聞記事)

- 資料—2　何を着ようが僕たちの勝手？
    - a. 理解に苦しむ「だらしな系」ファッション(新聞投書)
    - b. 何を着ようが僕たちの勝手(新聞投書)
    - c. 納得するまで話し合っては(新聞投書)
    - d. ずらしズボン　地面の掃除(新聞投書)
    - e. 理解できない「だらしな系」(新聞投書)
    - f. うるさいのは親の「役目」よ(新聞投書)
    - g. 若者の流行に騒ぐことない(新聞投書)
    - h. ムカつくよりユーモアこそ(新聞投書)
    - i. 「だらしな」で校内議論続く(新聞投書)
    - j. 金髪、茶髪少年の意外な優しさ(新聞投書)

- 資料—3　増える「視線平気症候群」(新聞記事)

- 資料—4　若者の意識・大人の意識(グラフ)

- 資料—5　友だちとの距離(評論)

- 資料—6　寮生600人　友人ゼロ(新聞記事)

資料—1　いつの時代も若者は

（フリガナなし）

a. ジーパン　レディーははかぬ？

「ジーパンはレディーのはくものではない。ジーパンの女子学生は教室から出ていってほしい」——大阪大学文学部(豊中市)で米人講師の発言をめぐって、ジーパン論争が起こっている。25日朝には抗議する学生たちが同講師の授業につめかけ、「女性差別の発言を取り消せ」と英語で論争を挑んだ。同講師は「私は老いた。君たちの意見と合わないのなら、やめるしかない」と声明を読みあげて辞任の意思を明らかにした。しかし学生たちの中には「ジーパンを脱いでも、先生の講義を受けたい」などと同講師を支持する発言も多く、ジーパン論争は学内で文明批判や風俗批判まで巻きこんだ議論にエスカレートしそうだ。

【教室追い出された女子学生】

女子学生たちに批判されているのは、神戸女学院大教授で、大阪大文学部非常勤講師のフィリップ・カール・ベーダさん(56)。終戦の昭和20年に初めて来日し、大阪学芸大付属中学校、神戸外国語大などの教壇に立ち、阪大では36年以来週2時間、英米文学の講義を受け持っている。

発端は5月11日、授業開始より約5分遅れて教室に入ってきた文学部3年生A子さん(21)に、ベーダさんが「ジーパンの女の子は出ていきなさい」と、英語でまくし立てた。ベーダさんの授業に出るのは初めてだったA子さんは、何のことだかわけがわからず「WHY (なぜ)」といっただけで、すごすごと退散した。

この話を伝え聞いた友人たちは、翌週の18日、授業の始まる前ベーダさんに会って事実を確かめたが、そのうちの一人がやはりオーバーオールのジーンズをはいていたので、ベーダさんは「男子学生がズボンをはくのは習慣だろうが、ヤング・レディーの場合は不誠実である。ジーパン女学生とは何も話すことはない」と繰り返した、という。

同講師は25日朝、いつも通り1時限目の授業が始まる午前8時50分より20分も早く教室に現れた。学生たちの顔がそろいはじめた午前8時40分、用意してきた英文の声明をとりだし、通訳をかって出た男子学生に日本語で読みあげさせた。「10年前だったら、君たちと議論しただろうが、私も年老いた。ギブアップだ。辞表は今週中に出すつもりだが、1学期の終わる9月いっぱいにはやめることになるだろう」

8　　教室につめかけたのは、同講師の英米文学の講義を聴講している文学部の約20人、それにジーパンをはいていたとして教室から追い出された女子学生に同情してつくられた「ベーダ教官に抗議する会」の男女学生約10人。聴講学生のほとんどを占める女子学生は、全員がワンピースやスカート姿。しかし、抗議につめかけた学生たちのほぼ全員は、ジーパン姿だった。

9　　ベーダ講師は教壇の机に腰かけて顔を紅潮させ、大きな身振りをまじえながら、ひとことひとことをかんでふくめるように英語で語りかけた。学生側は通訳をまじえて日本語で話しかけたり、直接英語で発言したが、ベーダ講師からしばしば「質問の意味がわかりません」とやりかえされるなど、いつもと勝手が違う様子で、学生たちが得意とする「ナンセンス」のヤジもほとんど飛ばずじまい。

10　　ベーダさんの女性のズボン姿ぎらいは昔から有名で、毎年、最初の授業の時間に ① 授業中にたばこは吸わないこと ② 女子学生はジーパンをはかないこと ③ 時間を守ること——の3つの「規則」を話している。

11　　日本の戦後をずっと見守ってきたベーダさんには、最近の日本の学生は、ひどく質がダウンしているように見える。「ナマケモノで、サボリが多い。まるでヤバンジンのようだ。とても悲しいですが、日本の(教育の)黄金時代は終わりました。くだらないテレビ番組、それに何でもマネーマネー。タナカさんなんかの影響でしょうかね。私はもう年寄りです。争いはしたくない。降参するだけです……」とさびしそうに笑った。

(『朝日新聞』1977年5月25日付夕刊)

12

b. ジーパンで解雇とは…　こんどはOLが訴える

2　　ジーパンをはいて勤務をする、昼休みにたばこを吸うといった理由で、いきなり解雇処分にされたのは会社側の解雇権の乱用だ、として岐阜市内のOLが13日、岐阜地裁民事部に地位保全の仮処分申請をした。申請人の社外でのビラ配り活動、勤務態度なども争点になっているが、大学でのジーパン受講論争が白熱するなか、新たな波紋を投げかけそうだ。

3　　仮処分申請をしたのは岐阜市長良金華町1丁目、会社員矢野よしえさん(25)。申請によると、矢野さんは今年3月中旬、岐阜市甚砥町4丁目、住宅地図製造業マツカサ会社(笠原卓一社長)に入社、住宅地図のトレース作業をしていたが、5月31日、笠原社長に呼び出され「会社が経営不振だからやめてもらいたい」と言われた。

4　　翌日の今月1日にも出社すると、勤務後、同社専務から「経営不振というのは表向き、君の私生活が問題。ジーパンをはいて仕事をしたり、ゼッケンをつけてビラまきをした

り、昼休みにたばこを吸ったりするのは困る。大卒だから(岐阜大教育学部)、慎めば再
雇用してもいい」と言われた。

（『朝日新聞』1977 年 6 月 14 日付朝刊） 5

（フリガナつき）

a. ジーパン　レディーははかぬ？ 1

「ジーパンはレディーのはくものではない。ジーパンの女子学生は教室から出ていっ 2
てほしい」――大阪大学文学部(豊中市)で米人講師の発言をめぐって、ジーパン論争が
起こっている。25 日朝には抗議する学生たちが同講師の授業につめかけ、「女性差別の
発言を取り消せ」と英語で論争を挑んだ。同講師は「私は老いた。君たちの意見と合わ
ないのなら、やめるしかない」と、声明を読みあげて辞任の意思を明らかにした。しか
し学生たちの中には「ジーパンを脱いでも、先生の講義を受けたい」などと同講師を支
持する発言も多く、ジーパン論争は学内で文明批判や風俗批判まで巻きこんだ議論にエ
スカレートしそうだ。

【教室追い出された女子学生】 3
女子学生たちに批判されているのは、神戸女学院大教授で、大阪大文学部非常勤講 4
師のフィリップ・カール・ベーダさん(56)。終戦の昭和20年に初めて来日し、大阪学
芸大付属中学校、神戸外国語大などの教壇に立ち、阪大では36年以来週2時間、英
米文学の講義を受け持っている。

発端は 5 月 11 日、授業開始より約 5 分遅れて教室に入ってきた文学部 3 年生 A 子 5
さん(21)に、ベーダさんが「ジーパンの女の子は出ていきなさい」と、英語でまくし立
てた。ベーダさんの授業に出るのは初めてだった A 子さんは、何のことだかわけがわ
からず「WHY（なぜ）」といっただけで、すごすごと退散した。

この話を伝え聞いた友人たちは、翌週の 18 日、授業の始まる前ベーダさんに会っ 6
て事実を確かめたが、そのうちの一人がやはりオーバーオールのジーンズをはいていた
ので、ベーダさんは「男子学生がズボンをはくのは習慣だろうが、ヤング・レディーの
場合は不誠実である。ジーパン女学生とは何も話すことはない」と繰り返した、という。

同講師は 25 日朝、いつも通り 1 時限目の授業が始まる午前 8 時 50 分より 20 分も早 7
く教室に現れた。学生たちの顔がそろいはじめた午前 8 時 40 分、用意してきた英文の
声明をとりだし、通訳をかって出た男子学生に日本語で読みあげさせた。「10 年前だった

ら、君たちと議論しただろうが、私も年老いた。ギブアップだ。辞表は今週中に出すつもりだが、1学期の終わる9月いっぱいにはやめることになるだろう」

8 　教室につめかけたのは、同講師の英米文学の講義を聴講している文学部の約20人、それにジーパンをはいていたとして教室から追い出された女子学生に同情してつくられた「ベーダ教官に抗議する会」の男女学生約10人。聴講学生のほとんどを占める女子学生は、全員がワンピースやスカート姿。しかし、抗議につめかけた学生たちのほぼ全員は、ジーパン姿だった。

9 　ベーダ講師は教壇の机に腰かけて顔を紅潮させ、大きな身振りをまじえながら、ひとことひとことをかんでふくめるように英語で語りかけた。学生側は通訳をまじえて日本語で話しかけたり、直接英語で発言したが、ベーダ講師からしばしば「質問の意味がわかりません」とやりかえされるなど、いつもと勝手が違う様子で、学生たちが得意とする「ナンセンス」のヤジもほとんど飛ばずじまい。

10 　ベーダさんの女性のズボン姿ぎらいは昔から有名で、毎年、最初の授業の時間に①授業中にたばこは吸わないこと②女子学生はジーパンをはかないこと③時間を守ること──の3つの「規則」を話している。

11 　日本の戦後をずっと見守ってきたベーダさんには、最近の日本の学生は、ひどく質がダウンしているように見える。「ナマケモノで、サボリが多い。まるでヤバンジンのようだ。とても悲しいですが、日本の(教育の)黄金時代は終わりました。くだらないテレビ番組、それに何でもマネーマネー。タナカさんなんかの影響でしょうかね。私はもう年寄りです。争いはしたくない。降参するだけです……」とさびしそうに笑った。

12 　　　　　　　　　　　　　　　　　　　　　　（『朝日新聞』1977年5月25日付夕刊）

1 b. ジーパンで解雇とは…　こんどはOLが訴える

2 　ジーパンをはいて勤務をする、昼休みにたばこを吸うといった理由で、いきなり解雇処分にされたのは会社側の解雇権の乱用だ、として岐阜市内のOLが13日、岐阜地裁民事部に地位保全の仮処分申請をした。申請人の社外でのビラ配り活動、勤務態度なども争点になっているが、大学でのジーパン受講論争が白熱するなか、新たな波紋を投げかけそうだ。

3 　仮処分申請をしたのは岐阜市長良金華町1丁目、会社員矢野よしえさん(25)。申請によると、矢野さんは今年3月中旬、岐阜市甚砥町4丁目、住宅地図製造業マツカサ会社(笠原卓一社長)に入社、住宅地図のトレース作業をしていたが、5月31日、笠原社長に呼び出され「会社が経営不振だからやめてもらいたい」と言われた。

翌日の今月 1 日にも 出 社すると、勤務後、同社専務から「経営不振というのは 表 向 4
き、君の私生活が問題。ジーパンをはいて仕事をしたり、ゼッケンをつけてビラまきを
したり、昼休みにたばこを吸ったりするのは困る。大卒だから(岐阜大 教 育学部)、慎
めば再雇用してもいい」と言われた。

(『朝日新聞』1977 年 6 月 14 日付 朝 刊) 5

資料―2　何を着ようが僕たちの勝手？

(フリガナなし)

1　《だらしな系》　中学・高校生の間で、ズボンやソックスなどをずり下げてはくファッションが流行している。4日付けで「理解に苦しむ『だらしな系』」と題する山口市の主婦からの投書を掲載したところ、様々な意見が寄せられた。

2　「すばらしいファッション」という投書はなかったが、「服装で人を判断するのはやめて欲しい」「何を着ようが僕たちの勝手」「納得するまで娘さんと話し合ってみてはどうか」といった内容だった。18歳の高校生からは「『だらしな』ズボンのすそは地面を掃除するものであり、彼らはボランティアで掃除する良い人」という皮肉たっぷりの投書が寄せられ、掲載した。

(『朝日新聞』1996年9月29日付朝刊)

3

a. 理解に苦しむ「だらしな系」ファッション

2　わが家の中3の娘は毎朝、ルーズソックスをはき、補聴器のようにヘッドホンステレオのイヤホンを耳にあて通学。中2の息子は、ポケットがたくさんついたダブダブズボンに、前でぶらぶらしているベルト姿で塾通いをしている。中高生に流行の「だらしな系」ファッションらしいが、見るにつけ、ほとほと嘆かわしくなる。

3　たまりかねて小言を言うと、「お母さんのころとは時代が違うの」と、反発が返ってくる。以前、父との意見の相違に、「それは戦中派の考え方よ」と、衝突した自分を思い出す。

4　授業参観日に、思いっきりキメて、すましていくと、「ダサイ」とか、「ナウクナイ」と言う子供たち。私にルーズソックスにダブダブズボンで授業参観でもしろと言うのか。

5　二人の子供の成長に夢も希望もあるというのに、21世紀に飛躍する子供たちには、厳格な父に育てられた41歳のママはついていけないのだろうか。ベストママを心掛けている私には、不安を感じる今日このごろである。

6　しつけや身だしなみにも、時代があるのだろうか。時代が違うって、本当の意味でなんなのと、大声で叫びたくなる。　　　　　　　　　　　　　　　　　（主婦　41歳）

(『朝日新聞』1996年9月4日付朝刊)

7

b. 何を着ようが僕たちの勝手

最近「だらしな系」ファッションに対して批判が多いようですが、「だらしな系」ファッション派の一人として言いたいのは、なぜ批判されなければならないのか？　ということです。

僕らはそれが「カッコイイ」と思ったからこそやっているだけで、たとえ流行に流されていようが、人が何を着ようと勝手だと思います。

ダボダボのズボンをはいて何が悪いんですか？　目障りなんですか？　中年の方々にはそう映っても僕らは気に入ってるんです。

いつの時代にも「流行」というものがあって、それも刻々と変化しています。中年の方々の若いころにもその時代の「流行」があったでしょう。僕らはファッションを楽しんでるのに、「そんな格好やめろ」「本当にだらしない」とか言われる筋合いはありません。

何を着ようが勝手です。　　　　　　　　　　　　　　（大学生・男性　19歳）

（『朝日新聞』1996年9月17日付朝刊）

c. 納得するまで話し合っては

4日本欄のH様。

私も「だらしな系」が理解できない一人です。しかし娘さんが言う通り、私たちと母親たちの時代は違うと思います。

根本的な何か、例えば人前で恥をかかないようにする、これはいつも同じです。しかし、周囲が変化することによって捕らえ方が違う、それが時代の違いではないでしょうか。ですから娘さんがいいと思ってやっていることは見守っていてほしいと思います。

ただ気になるのは、若者がどうして "だらしなく" したがるのか、ということです。そこで娘さんに、なぜルーズソックスを履くのか聞いてみてください。人が納得できるような説明をさせてみましょう。正しいことは、だれだって納得するはずです。できるまで話し合いを続けるのです。時代が違うからいいという言葉は通用しないと思います。理解できなくても分かることはできるはずです。

さて、私は普通の高校生。短い靴下に規則通りの丈のスカート、休みの日にはジーンズにTシャツ。母や妹たちによく言われます。「もっとおしゃれしたら？」「それ、ださいよ」。どうしたものでしょうか。　　　　　　　　　　　（高校生・女性　16歳）

（『朝日新聞』1996年9月17日付朝刊）

d. ずらしズボン　地面の掃除

　「だらしな」系ファッションに関して、白熱した討論が行われているのに、興味をひかれて、ペンをとったしだいです。

　私は、どちらかといえば「だらしな」系ファッション容認派ですが、私自身はそのような服装はしません。理由は至って簡単、単純。ダサイからです。

　特にズボンをずらしている姿。やっている本人は格好いいと思っての行為でしょう。しかし、私にはどう見ても胴長短足であることを誇りに思い、それを強調してアピールしているようにしか見えないのです。

　そして、ズボンのすそは地面を掃除するため、大変不潔です。なぜそのような服装をするのか、理解しかねますが、他人のことですから、とやかく言う必要もないと思います。

　中年の方々も、自分の子供ならともかく、他人の子供なら、そう嘆くこともないでしょう。彼らは、胴長短足をアピールし、掃除がしたいだけだと思えばよいのです。

　そう、彼らはボランティアで掃除する良い人。温かい目線を送ってあげて下さい。ただし、自分の子供に関しては、止めることをお勧めします。

　彼らのズボンのすそに集められたゴミは、家のカーペットが回収しますから……。

（高校生・男性　18歳）

（『朝日新聞』1996年9月22日付朝刊）

e. 理解できない「だらしな系」

　17日本欄のM様。私も「だらしな系」ファッションが理解出来ません。「何を着てもいい」でしょうが、一体どこがカッコイイのかしら？　と首をひねる毎日です。

　私服での「だらしな系」ファッションはまだいいとしても、何より見苦しいのが、制服を改造したものです。自宅のすぐ前に高校があるため、毎朝たくさんの生徒とすれ違います。男はほぼ全員がズルズルズボン、女もルーズソックス一色。制服を着ている上、ほかの部分のファッションに個性が全くないという点が不気味です。

　一度、遅刻しそうになった男の子が走り出したのを見ました。彼はズボンを腰どころか股まで下げていたため、走るに走れず、ペンギンみたい。ついに、ズボンが脱げかかったのを見て噴き出したのは私だけではありません。

　ファッションは自己満足に陥りがちですが、本来、服というものは他人が見るものだとも言えると思います。他人が見て不快感を覚えるファッションは、やはり納得がいき

ません。 （編集業・女性　23 歳）

（『朝日新聞』1996 年 9 月 28 日付朝刊）　6

f. うるさいのは親の「役目」よ 1

4 日本欄、「理解に苦しむ『だらしな系』」について。　2

私は高校生のころから制服はいらないと思ってきた。服装とか髪形は基本的には自由　3
であるべきだし、その考えは今も変わらない。そうしたら親も教師も服装などに神経を
とがらせるより、もっと真剣に教えるべきことがあることに改めて気づくと思う。

覚せい剤やら売春やら、どうしてもどうしても教えなければならないことがある。だ　4
から私は、ソックスやダボダボのズボンなどは、そうしたいのならしたらいいと思う。い
つの時代でも若い人と親や教師との間で繰り返される問題で、自分にも覚えのあること
なのだから。

それでも言うべきことはきちんと言うべきだし、親の姿勢は「分からせたい」と思う。　5
私はどうしても許してはいけないと思うことは、子供たちが何を言おうが言い続ける。う
るさい親だと思われようが、反発されようが「うるさくするのは親の役目」と言いつつ、
言い続ける。しつけなどは時代の流れとは関係ないし、大人になったら分かることもあ
るだろうし、何よりも何か悪い誘惑に負けそうな時などに、私の言葉がブレーキになっ
てほしいから。そして子供たちには自由に個性的に生きてほしいと思う。

（主婦　46 歳）

（『朝日新聞』1996 年 9 月 10 日付朝刊）　6

g. 若者の流行に騒ぐことない 1

「何を着ようが僕たちの勝手」を読んでなるほどと思った。　2

ひところ前は、すり切れたジーパンに、つぎ当てだらけのシャツを着るのが若者の間　3
で流行した。年配者のなかには "こじきスタイルだ" とけなす人もいたが、別にそのた
めに他人に迷惑がかかったという話も聞かない。

若い人だって、そんな服装に目もくれずきちんと着こなしている人も多かった。だと　4
すれば、親でもない者がとやかくいう筋合いはないだろう。

だが、学校や職場のように規律のある場所では避けるべきだろう。なぜなら、自分が　5
不利な目で見られるだけ損をするからだ。

私がまだ十代だったころ、学帽に油を塗って、つばも短く詰めるのが流行したことが　6

ある。生意気盛りの私もまねしたことがあったっけ。しかし、それも年齢とともにバカらしくなってやめた。流行とはそんなものである。他人が目くじらを立てるほどのことはあるまい。

（無職・男性　72 歳）

7

（『朝日新聞』1996 年 10 月 4 日付朝刊）

h.　ムカつくよりユーモアこそ

2　最近までのだらしなファッション論議の中の「彼らはボランティアで掃除する良い人」という高校生の投稿に関して、意見を述べたいと思います。

3　初めは大笑いのうちにギャグとして読ませて頂いていましたが、この方の意見には、実はとても大きな「生活の知恵」が隠れていることに気づきました。外見で人を判断するものではないと思いますし、だらしなファッションをしているからといって悪い子たちだとは決して思いませんが、やはり私自身は、ずり落ちズボンに茶髪、不相応なマニキュアには理屈抜きに不快感を禁じえない一人でした。しかし、この方の投稿を読んでからは、彼らを見るとつい笑みがこぼれ、不思議にそれほど不愉快になることがないのです。

4　不快感を感じることがあるのは皆同じですが、その度にムカムカしていては結局、自分が損をしてしまいます。何事も朗らかに受け取ろうとする努力は生活を楽しくしてくれます。案外難しいことですが、この方のようなユーモアのセンスを見習って、一つずつ楽しんでいけたらいいなと思っています。

（大学生・女性　23 歳）

5

（『朝日新聞』1996 年 10 月 8 日付朝刊）

i.　「だらしな」で校内議論続く

2　私の職場(高校)でも、生徒の「だらしな系」について、毎日何らかの議論が行なわれている。

3　先日は、ルーズソックスを認める提案をした生徒会長候補者が、会長に当選した。さらに生徒の服装についてコメントした教師が、生徒に「むかつく教師」と言われ、生徒総会で反論した。

4　今、茶髪、ルーズソックス、ミニスカート、ピアス、コートの規制などにどう対処すべきかで議論されている。

5　認めることができる範囲と、絶対に認められないこととの線を引くことに、もっぱら模索中。

　生徒の反応は、ルーズソックスなど自由でいいのではというのが大半。ただ、一人が「いいのでは」と言うと、その他の生徒が全員「いいのでは」と言うのが気がかりではありますが。　6

　頭髪、服装に関しては、規定された中で、生徒がいろいろ工夫するのに、いちいち目くじらを立てる必要もなかろうというのが、私の意見です。　7

　大人と青年(高校生)の間にある美しさに対する大きな隔たりは、どうしようもない。　8

　教師も、生徒にもっともっと重大な仕事があることを考えて、早くこんな問題にけりをつけて欲しいと感ずるのみ。　　　　　　　　　　（教員・男性　63歳）　9

　　　　　　　　　　　　　　　（『朝日新聞』1996年10月10日付朝刊）　10

j. 金髪、茶髪少年の意外な優しさ　1

　買い物の帰り道、自転車をこいでいたら、金髪と茶髪に染め上げた少年の二人乗り自転車が追い越して行った。黒いサングラスに、どちらもどくろを描いたTシャツを着ている。中学生か高校生かわからない。　2

　最近は変なヤツが増えたと舌打ちしたいような気分で、角を曲がった途端、塀越しに道路に伸びていた庭木の枝が顔にぶつかり、自転車ごと横転してしまった。腰が痛くて起き上がれない。　3

　必死にもがいていると、だれかがそっと体を支えてくれ、ようやく起き上がることができた。見れば、さっきの二人組の一人ではないか。もう一人は散らばった果物を拾い集め、道の真ん中まで飛んだ帽子を車を止めて拾ってくれている。　4

　お礼を言うと、困ったような顔をして、「う、どうも」とつぶやいて行ってしまった。手足の痛みのせいか、少年たちの思いがけない優しさに触れたせいか、じわっと涙ぐんでいる自分に気が付いた。　　　　　　　　　　　（無職・男性　70歳）　5

　　　　　　　　　　　　　　　（『読売新聞』1997年8月4日付朝刊）　6

⬭ フリガナつき

　《だらしな系》　中学、高校生の間で、ズボンやソックスなどをずり下げてはくファッションが流行している。4日付けで「理解に苦しむ『だらしな系』」と題する山口市の主婦からの投書を掲載したところ、様々な意見が寄せられた。　1

　「すばらしいファッション」という投書はなかったが、「服装で人を判断するのはやめて欲しい」「何を着ようが僕たちの勝手」「納得するまで娘さんと話し合ってみてはどう　2

か」といった内容だった。18 歳の高校生からは「『だらしな』ズボンのすそは地面を掃除するものであり、彼らはボランティアで掃除する良い人」という皮肉たっぷりの投書が寄せられ、掲載した。

3

（『朝日新聞』1996 年 9 月 29 日付 朝刊）

a. 理解に苦しむ「だらしな系」ファッション

2　わが家の 中 3 の娘は毎朝、ルーズソックスをはき、補 聴 器のようにヘッドホンステレオのイヤホンを耳にあて通学。中 2 の息子は、ポケットがたくさんついたダブダブズボンに、前でぶらぶらしているベルト 姿 で 塾 通いをしている。中高生に 流行の「だらしな系」ファッションらしいが、見るにつけ、ほとほと嘆かわしくなる。

3　たまりかねて小言を言うと、「お母さんのころとは時代が違うの」と、反発が返ってくる。以前、父との意見の相違に、「それは戦 中 派の 考 え方よ」と、衝 突した自分を思い出す。

4　授 業 参観日に、思いっきりキメて、すましていくと、「ダサイ」とか、「ナウクナイ」と言う子供たち。私 にルーズソックスにダブダブズボンで授 業 参観でもしろと言うのか。

5　二人の子供の成 長 に夢も希望もあるというのに、21 世紀に飛躍する子供たちには、厳格な父に育てられた 41 歳のママはついていけないのだろうか。ベストママを 心 掛けている 私 には、不安を感じる今日このごろである。

6　しつけや身だしなみにも、時代があるのだろうか。時代が違うって、本当の意味でなんなのと、大声で叫びたくなる。　　　　　　　　　　　　　　　　（主婦　41 歳）

7

（『朝日新聞』1996 年 9 月 4 日付 朝刊）

b. 何を着ようが僕たちの勝手

2　最近「だらしな系」ファッションに対して批判が多いようですが、「だらしな系」ファッション派の一人として言いたいのは、なぜ批判されなければならないのか？　ということです。

3　僕らはそれが「カッコイイ」と思ったからこそやっているだけで、たとえ流行に流されていようが、人が何を着ようと勝手だと思います。

4　ダボダボのズボンをはいて何が悪いんですか？　目障りなんですか？　中 年の方々にはそう映っても僕らは気に入ってるんです。

いつの時代にも「流行」というものがあって、それも刻々と変化しています。中年の方々の若いころにもその時代の「流行」があったでしょう。僕らはファッションを楽しんでるのに、「そんな格好やめろ」「本当にだらしない」とか言われる筋合いはありません。

何を着ようが勝手です。　　　　　　　　　　　　　　　　（大学生・男性　19歳）

（『朝日新聞』1996年9月17日付朝刊）

c. 納得するまで話し合っては

4 日本欄のH様。

私も「だらしな系」が理解できない一人です。しかし娘さんが言う通り、私たちと母親たちの時代は違うと思います。

根本的な何か、例えば人前で恥をかかないようにする、これはいつも同じです。しかし、周囲が変化することによって捕らえ方が違う、それが時代の違いではないでしょうか。ですから、娘さんがいいと思ってやっていることは見守っていてほしいと思います。

ただ気になるのは、若者がどうして"だらしなく"したがるのか、ということです。そこで娘さんに、なぜルーズソックスを履くのか聞いてみて下さい。人が納得できるような説明をさせてみましょう。正しいことは、だれだって納得するはずです。できるまで話し合いを続けるのです。時代が違うからいいという言葉は通用しないと思います。理解できなくても分かることはできるはずです。

さて、私は普通の高校生。短い靴下に規則通りの丈のスカート、休みの日にはジーンズにTシャツ。母や妹たちによく言われます。「もっとおしゃれしたら？」「それ、ださいよ」。どうしたものでしょうか。　　　　　　　　（高校生・女性　16歳）

（『朝日新聞』1996年9月17日付朝刊）

d. ずらしズボン　地面の掃除

「だらしな」系ファッションに関して、白熱した討論が行われているのに、興味をひかれて、ペンをとったしだいです。

私は、どちらかといえば「だらしな」系ファッション容認派ですが、私自身はそのような服装はしません。理由は至って簡単、単純。ダサイからです。

特にズボンをずらしている姿。やっている本人は格好いいと思っての行為でしょう。しかし、私にはどう見ても胴長短足であることを誇りに思い、それを強調してアピール

しているようにしか見えないのです。

5 　そして、ズボンのすそは地面を掃除するため、大変不潔です。なぜそのような服装をするのか、理解しかねますが、他人のことですから、とやかく言う必要もないと思います。

6 　中年の方々も、自分の子供ならともかく、他人の子供なら、そう嘆くこともないでしょう。彼らは、胴長短足をアピールし、掃除がしたいだけだと思えばよいのです。

7 　そう、彼らはボランティアで掃除する良い人。温かい目線を送ってあげて下さい。ただし、自分の子供に関しては、止めることをお勧めします。

8 　彼らのズボンのすそに集められたゴミは、家のカーペットが回収しますから……。

（高校生・男性　18歳）

9 　（『朝日新聞』1996年9月22日付朝刊）

e. 理解できない「だらしな系」

2 　17日本欄のM様。私も「だらしな系」ファッションが理解出来ません。「何を着てもいい」でしょうが、一体どこがカッコイイのかしら？　と首をひねる毎日です。

3 　私服での「だらしな系」ファッションはまだいいとしても、何より見苦しいのが、制服を改造したものです。自宅のすぐ前に高校があるため、毎朝たくさんの生徒とすれ違います。男はほぼ全員がズルズルズボン、女もルーズソックス一色。制服を着ている上、ほかの部分のファッションに個性が全くないという点が不気味です。

4 　一度、遅刻しそうになった男の子が走り出したのを見ました。彼はズボンを腰どころか股まで下げていたため、走るに走れず、ペンギンみたい。ついに、ズボンが脱げかかったのを見て噴き出したのは私だけではありません。

5 　ファッションは自己満足に陥りがちですが、本来、服というものは他人が見るものだとも言えると思います。他人が見て不快感を覚えるファッションは、やはり納得がいきません。

（編集業・女性　23歳）

6 　（『朝日新聞』1996年9月28日付朝刊）

f. うるさいのは親の「役目」よ

2 　4日本欄、「理解に苦しむ『だらしな系』」について。

3 　私は高校生のころから制服はいらないと思ってきた。服装とか髪形は基本的には自由であるべきだし、その考えは今も変わらない。そうしたら親も教師も服装などに神経

をとがらせるより、もっと真剣に教えるべきことがあることに改めて気づくと思う。

覚せい剤やら売春やら、どうしてもどうしても教えなければならないことがある。だ 4
から私は、ソックスやダボダボのズボンなどは、そうしたいのならしたらいいと思う。
いつの時代でも若い人と親や教師との間で繰り返される問題で、自分にも覚えのある
ことなのだから。

それでも言うべきことはきちんと言うべきだし、親の姿勢は「分からせたい」と思う。 5
私はどうしても許してはいけないと思うことは、子供たちが何を言おうが言い続ける。
うるさい親だと思われようが、反発されようが「うるさくするのは親の役目」と言いつ
つ、言い続ける。しつけなどは時代の流れとは関係ないし、大人になったら分かること
もあるだろうし、何よりも何か悪い誘惑に負けそうな時などに、私の言葉がブレーキに
なってほしいから。そして子供たちには自由に個性的に生きてほしいと思う。

（主婦　46歳）

（『朝日新聞』1996年9月10日付朝刊） 6

g. 若者の流行に騒ぐことない 1

「何を着ようが僕たちの勝手」を読んでなるほどと思った。 2

ひところ前は、すり切れたジーパンに、つぎ当てだらけのシャツを着るのが若者の間 3
で流行した。年配者のなかには "こじきスタイルだ" とけなす人もいたが、別にそのた
めに他人に迷惑がかかったという話も聞かない。

若い人だって、そんな服装に目もくれずきちんと着こなしている人も多かった。だと 4
すれば、親でもない者がとやかくいう筋合いはないだろう。

だが、学校や職場のように規律のある場所では避けるべきだろう。なぜなら、自分が 5
不利な目で見られるだけ損をするからだ。

私がまだ十代だったころ、学帽に油を塗って、つばも短く詰めるのが流行したこ 6
とがある。生意気盛りの私もまねしたことがあったっけ。しかし、それも年齢とともに
バカらしくなってやめた。流行とはそんなものである。他人が目くじらを立てるほどの
ことはあるまい。

（無職・男性　72歳）

（『朝日新聞』1996年10月4日付朝刊） 7

h. ムカつくよりユーモアこそ 1

最近までのだらしなファッション論議の中の「彼らはボランティアで掃除する良い人」 2

という高校生の投稿に関して、意見を述べたいと思います。

3　初めは大笑いのうちにギャグとして読ませて頂いていましたが、この方の意見には、実はとても大きな「生活の知恵」が隠れていることに気づきました。外見で人を判断するものではないと思いますし、だらしなファッションをしているからといって悪い子たちだとは決して思いませんが、やはり私自身は、ずり落ちズボンに茶髪、不相応なマニキュアには理屈抜きに不快感を禁じえない一人でした。しかし、この方の投稿を読んでからは、彼らを見るとつい笑みがこぼれ、不思議にそれほど不愉快になることがないのです。

4　不快感を感じることがあるのは皆同じですが、その度にムカムカしていては結局、自分が損をしてしまいます。何事も朗らかに受け取ろうとする努力は生活を楽しくしてくれます。案外難しいことですが、この方のようなユーモアのセンスを見習って、一つずつ楽しんでいけたらいいなと思っています。　　　　　　　（大学生・女性　23歳）

5　　　　　　　　　　　　　　　　　　　（『朝日新聞』1996年10月8日付朝刊）

i.「だらしな」で校内議論続く

2　私の職場(高校)でも、生徒の「だらしな系」について、毎日何らかの議論が行なわれている。

3　先日は、ルーズソックスを認める提案をした生徒会長候補者が、会長に当選した。さらに生徒の服装についてコメントした教師が、生徒に「むかつく教師」と言われ、生徒総会で反論した。

4　今、茶髪、ルーズソックス、ミニスカート、ピアス、コートの規制などにどう対処すべきかで議論されている。

5　認めることができる範囲と、絶対に認められないこととの線を引くことに、もっぱら模索中。

6　生徒の反応は、ルーズソックスなど自由でいいのではというのが大半。ただ、一人が「いいのでは」と言うと、その他の生徒が全員「いいのでは」と言うのが気がかりではありますが。

7　頭髪、服装に関しては、規定された中で、生徒がいろいろ工夫するのに、いちいち目くじらを立てる必要もなかろうというのが、私の意見です。

8　大人と青年(高校生)の間にある美しさに対する大きな隔たりは、どうしようもない。

9　教師も、生徒にもっともっと重大な仕事があることを考えて、早くこんな問題にけりをつけて欲しいと感ずるのみ。　　　　　　　　　　（教員・男性　63歳）

（『朝日新聞』1996 年 10 月 10 日付朝刊） 10

j. 金髪、茶髪少年の意外な優しさ 1

買い物の帰り道、自転車をこいでいたら、金髪と茶髪に染め上げた少年の二人乗り自 2
転車が追い越して行った。黒いサングラスに、どちらもどくろを描いた T シャツを着て
いる。中学生か高校生かわからない。

最近は変なヤツが増えたと舌打ちしたいような気分で、角を曲がった途端、塀越しに 3
道路に伸びていた庭木の枝が顔にぶつかり、自転車ごと横転してしまった。腰が痛くて
起き上がれない。

必死にもがいていると、だれかがそっと体を支えてくれ、ようやく起き上がることが 4
できた。見れば、さっきの二人組の一人ではないか。もう一人は散らばった果物を拾い
集め、道の真ん中まで飛んだ帽子を車を止めて拾ってくれている。

お礼を言うと、困ったような顔をして、「う、どうも」とつぶやいて行ってしまった。 5
手足の痛みのせいか、少年たちの思いがけない優しさに触れたせいか、じわっと涙ぐん
でいる自分に気が付いた。

（無職・男性　70 歳）

（『読売新聞』1997 年 8 月 4 日付朝刊） 6

資料―3　増える「視線平気症候群」

●『朝日新聞』1996年7月21日付朝刊
づけちょうかん

電車の中で化粧をしたり抱き合ったり

増える「視線平気症候群」

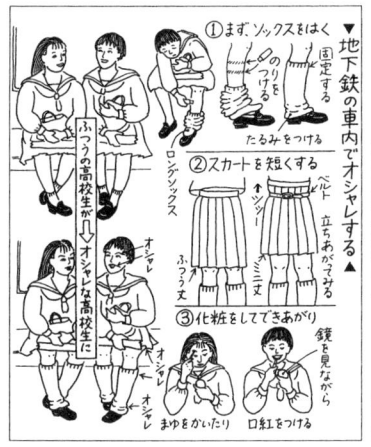

▼地下鉄の車内で固定する

①まず、ソックスをはく
のりをつける
たるみをつける
ロングソックス

②スカートを短くする
ベルト
ツッ
立ちあがってみる
ふつう丈
ミニ丈

③化粧をしてできあがり
鏡を見ながら
まゆがいたり
口紅をつける

ふつうの高校生が→オシャレな高校生に
オシャレ　オシャレ

❶名古屋市営地下鉄の中での女子高生の変身＝岡本靖子さん画

変わるプライバシー感覚

車内、ただの連絡通路に

「自分の世界」に浸る若者

通勤ラッシュが一段落した午前中、東京都内の地下鉄で十日間観察してみた。二路線を乗り継ぎ、毎日往復八十分。向かい側の七人掛けシート三本に次々に座る人たちを対象にした。その結果、化粧する女性三人、髪をといたり、枝毛を切ったりする女性三人、つめ切りの男性一人、ハンバーガーやおにぎりを食べる男女七人、携帯電話で話す男女五人、しっかり抱き合うカップル二組を数えた。

埼玉県春日部市の保育勝美さんは、東京の会社への通勤途上、車内で同眠りする人などをスケッチする「寝顔絵師」だ。四年間で約二千枚描いた。その観察をもとに電車通勤について二言言う。「かつて、電車内は『よそ行き』の『よそ』そのものだった。

今は光ファイバーのようなもの。発着地だけが問題で、間は外部との接点のない単なる連絡通路だから、他人がいないも同然。だから、他人は意識しない」という。

名古屋市の岡本信也さんは妻の靖子さんと、「ありふれた事物」などの共著がある。先日、市営地下鉄で、車内パフォーマンスの極みを見せる光景を目撃した。学校帰りの女子高生二人が、服装を着替え、歌手の安室奈美恵ふうの化粧をして、変身を遂げ、繁華街を控える駅で降りた。

「人目を気にするようもなく、自分の世界に浸っていた。若者た

ちは、一人っ子が多く、個室をもらい、テレビゲームをするため、自分の空間をつくるのがうまい。マナーは時代状況で変わる。かつては、車内での授乳は普通にあった」というのは信也さん。

関西大学の永井良和助教授（大衆文化論）も「モラルの崩れというより、プライバシーの形の変化。メディア環境などの変化ってプライバシーを構築し直す過程だと思う」と語る。

永井さんによれば、その兆しはヘッドホンステレオの登場だった。スイッチを入れれば、どこにいても透明性のバリアができ、個人的な空間が誕生する。もう一つの予兆は、へそ出しルックや網タイツなどのような服、透明ケースなど。本来なら隠す体の一部も持ち物を見せ、自分をアピールする。携帯電話も同じに流れた。

「世代の違いより、経験や環境でプライバシー感覚は人それぞれに異なる。お互いに少しずつセンサーを伸ばし、免疫をつけたらどうだ。多様な価値観の中で、どの程度プライバシー感覚を共有できるか。探っていくことになるのでしょう」と永井さんは予測する。

フリガナなし

1　電車の中で化粧をしたり、飲み食いしたり、携帯電話をかけたり、抱き合ったり……。最近ますます目につくようになった、若者のこんな姿にまゆをひそめる向きも多いが、街の観察家や識者によれば、公私の境目が変化しつつある兆し、いわば文化の問題という。冷房のきいた涼しい車内を暑苦しくさせる「視線平気症候群」をルポしながら、その背景を考えてみた。

2　**【変わるプライバシー感覚】**

3　通勤ラッシュが一段落した午前中、東京都内の地下鉄で10日間観察してみた。2路線を乗り継ぎ、毎日往復80分。向かい側の7人掛けシート3本に次々に座る人たちを対象にした。その結果、化粧する女性3人、髪をといたり、枝毛を切ったりする女性3人、つめ切りの男性1人、ハンバーガーやおにぎりを食べる男女7人、携帯電話で話す男女5

人、しっかり抱き合うカップル 2 組を数えた。

　埼玉県春日部市の保倉勝美さんは、東京の会社への通勤途上、電車内で居眠りする人　4
などをスケッチする "寝顔絵師" だ。4 年間で約 2,000 枚描いた。その観察をもとに電車
通勤について一家言もつ。

　「かつて、電車内は『よそ行き』の『よそ』そのものだった。今は光ファイバーのよう　5
なもの。発着地だけが問題で、間は、外部との接点のない単なる連絡通路。だから、他
人を意識しない、というより、他人はいないも同然。通勤時間が延びたこともあって、家
の中でのことが、車内に、にじみ出す形になっている」

　名古屋市の岡本信也さんは妻の靖子さんと、「ありふれた事物」の観察を続け、「万物　6
観察記」などの共著がある。先日、市営地下鉄で、車内パフォーマンスの極みともいえ
る光景を目撃した。学校帰りの女子高生 2 人が、服装を替え、歌手の安室奈美恵ふうの
化粧をして、変身を遂げ、繁華街を控える駅で降りたのだ。

　「人目を気にするふうもなく、自分の世界に浸っていた。若者たちは、一人っ子が多く、　7
個室をもらい、テレビゲームで育ったためか、自分の空間をつくるのがうまい。マナー
は時代状況で変わる。かつては、車内での授乳は普通だった」というのは信也さん。

　関西大学の永井良和助教授(大衆文化論)も「モラルの崩れというより、プライバシー　8
の形の変化。メディア環境などの変化によって、プライバシーを構築し直す過程だと思
う」と語る。

　永井さんによれば、その兆しはヘッドホンステレオの登場だった。スイッチを入れれ　9
ば、どこにいても半透過性のバリアができ、個人的な空間が誕生する。もう一つの予兆
は、へそ出しルックや網のような服、透明なケースなど。本来なら隠す体の一部や持ち
物を見せ、自分をアピールする。携帯電話も同じ流れだ。

　「世代の違いより、経験や環境でプライバシー感覚は人それぞれに異なる。お互いに少　10
しずつセーブしたり、免疫をつけたりして、多様な価値観の中で、どの程度プライバシー
感覚を共有できるか、探っていくことになるのでしょう」と永井さんは予測する。

（『朝日新聞』1996 年 7 月 21 日付朝刊）　11

┌─────────┐
│ フリガナつき │
└─────────┘

　電車の中で化粧をしたり、飲み食いしたり、携帯電話をかけたり、抱き合ったり……。　1
最近ますます目につくようになった、若者のこんな姿にまゆをひそめる向きも多いが、
街の観察家や識者によれば、公私の境目が変化しつつある兆し、いわば文化の問題とい
う。冷房のきいた涼しい車内を暑苦しくさせる「視線平気症候群」をルポしながら、そ

の背景を考えてみた。

2 【変わるプライバシー感覚】

3　通勤ラッシュが一段落した午前中、東京都内の地下鉄で10日間観察してみた。2路線を乗り継ぎ、毎日往復80分。向かい側の7人掛けシート3本に次々に座る人たちを対象にした。その結果、化粧する女性3人、髪をといたり、枝毛を切ったりする女性3人、つめ切りの男性1人、ハンバーガーやおにぎりを食べる男女7人、携帯電話で話す男女5人、しっかり抱き合うカップル2組を数えた。

4　埼玉県春日部市の保倉勝美さんは、東京の会社への通勤途上、電車内で居眠りする人などをスケッチする"寝顔絵師"だ。4年間で約2,000枚描いた。その観察をもとに電車通勤について一家言もつ。

5　「かつて、電車内は『よそ行き』の『よそ』そのものだった。今は光ファイバーのようなもの。発着地だけが問題で、間は、外部との接点のない単なる連絡通路。だから、他人を意識しない、というより、他人はいないも同然。通勤時間が延びたこともあって、家の中でのことが、車内に、にじみ出す形になっている」

6　名古屋市の岡本信也さんは妻の靖子さんと、「ありふれた事物」の観察を続け、「万物観察記」などの共著がある。先日、市営地下鉄で、車内パフォーマンスの極みとも言える光景を目撃した。学校帰りの女子高生2人が、服装を替え、歌手の安室奈美恵ふうの化粧をして、変身を遂げ、繁華街を控える駅で降りたのだ。

7　「人目を気にするふうもなく、自分の世界に浸っていた。若者たちは、一人っ子が多く、個室をもらい、テレビゲームで育ったためか、自分の空間をつくるのがうまい。マナーは時代状況で変わる。かつては、車内での授乳は普通だった」というのは信也さん。

8　関西大学の永井良和教授(大衆文化論)も「モラルの崩れというより、プライバシーの形の変化。メディア環境などの変化によって、プライバシーを構築し直す過程だと思う」と語る。

9　永井さんによれば、その兆しはヘッドホンステレオの登場だった。スイッチを入れれば、どこにいても半透過性のバリアができ、個人的な空間が誕生する。もう一つの予兆は、へそ出しルックや網のような服、透明なケースなど。本来なら隠す体の一部や持ち物を見せ、自分をアピールする。携帯電話も同じ流れだ。

10　「世代の違いより、経験や環境でプライバシー感覚は人それぞれに異なる。お互いに少しずつセーブしたり、免疫をつけたりして、多様な価値観の中で、どの程度プライバシー感覚を共有できるか、探っていくことになるのでしょう」と永井さんは予測する。

11　　　　　　　　　　　　　　　　　　　　（『朝日新聞』1996年7月21日付朝刊）

資料―4　若者の意識・大人の意識

【青少年の生活、意識はいま？】

目的：　現代の青少年が社会生活の中で、何に関心を持ちどのような行動をとっているかを明らかにする。

期間：　1996年
対象：　東京都在住の20歳以上30歳未満の男女1000人（有効回答817人）
方法：　個別訪問配布、回収

（東京都生活文化局編・発行『青年の関心領域と意識・行動に関する調査』1997年より作成）

1. あなたは、全体として現在の生活にどの程度満足していますか

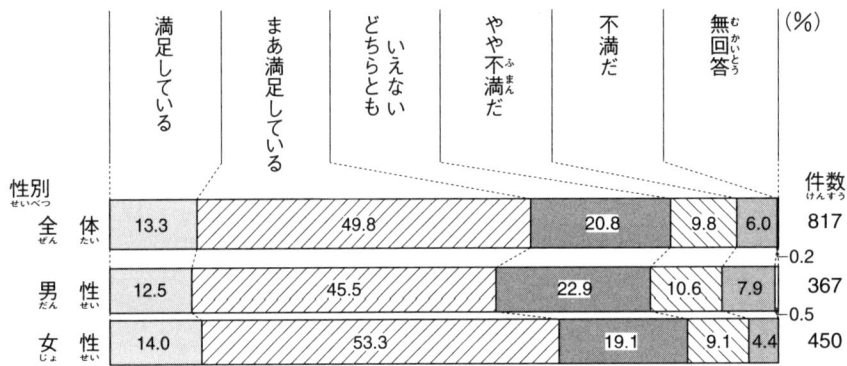

性別	満足している	まあ満足している	どちらともいえない	やや不満だ	不満だ	無回答	件数
全体	13.3	49.8	20.8	9.8		6.0	817
男性	12.5	45.5	22.9	10.6	0.2	7.9	367
女性	14.0	53.3	19.1	9.1	0.5	4.4	450

（%）

2. あなたは現在どのようなときに充実感を感じますか

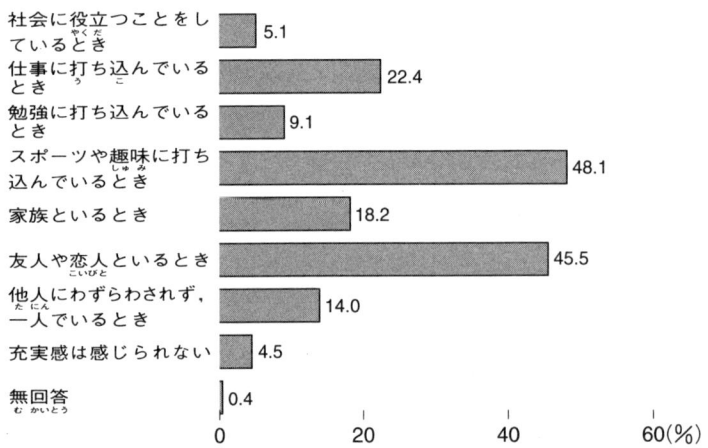

	(%)
社会に役立つことをしているとき	5.1
仕事に打ち込んでいるとき	22.4
勉強に打ち込んでいるとき	9.1
スポーツや趣味に打ち込んでいるとき	48.1
家族といるとき	18.2
友人や恋人といるとき	45.5
他人にわずらわされず、一人でいるとき	14.0
充実感は感じられない	4.5
無回答	0.4

0　　　20　　　40　　　60（%）

3. あなたの友人とのつきあい方は、どのようなものですか

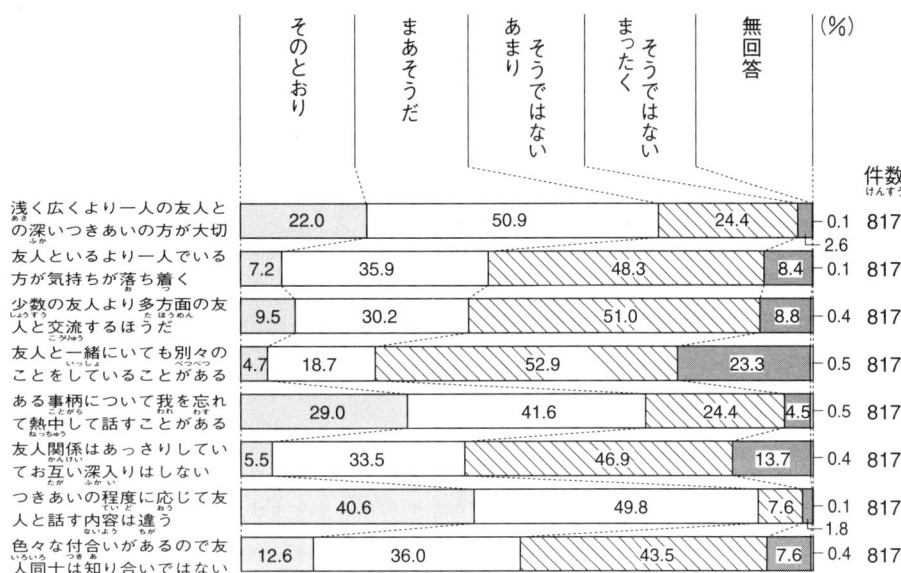

4. 同世代、上の世代を象徴する言葉

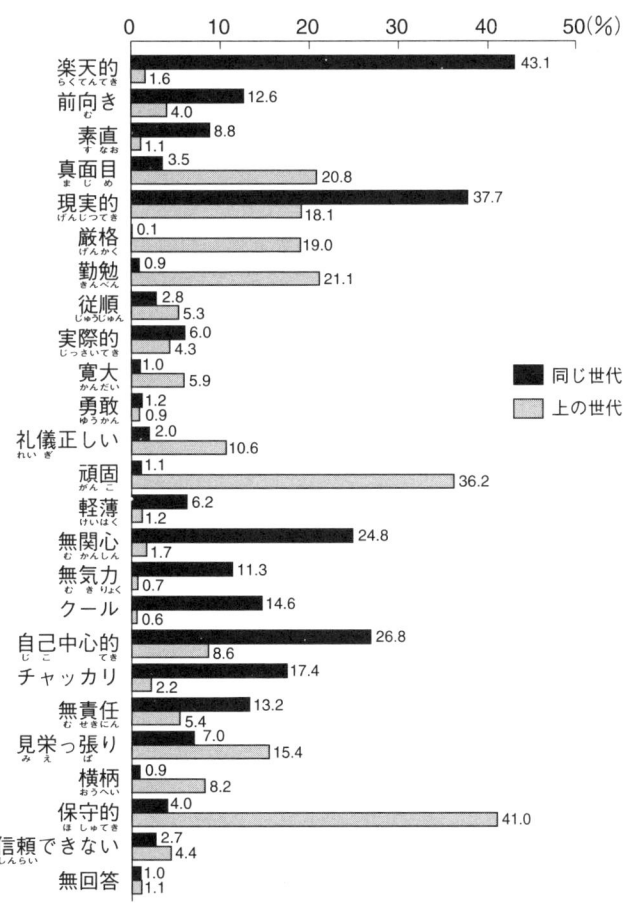

資料—5　友だちとの距離

●隣 近所を信頼していない割合（図表1）

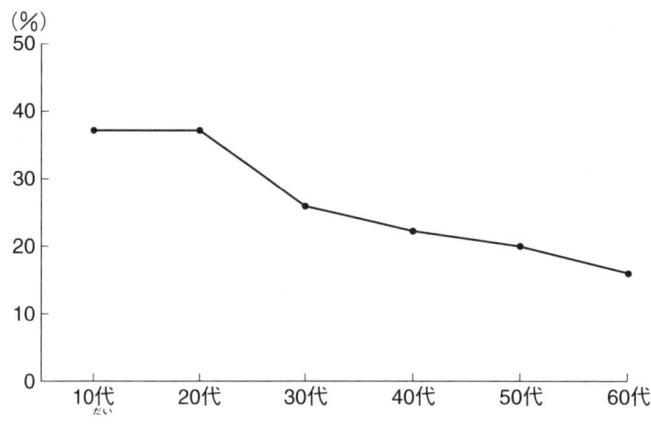

注：「信頼していない」と「どちらかといえば信頼していない」を合計した割合で示している。

●困っている人が近くにいたら放っておけない（表1）

	16〜19歳	20代	30代	40代	50代	60代
男　性（1985年）	55.0	51.7	49.3	59.2	73.4	72.9
（1996年）	37.5	57.0	47.7	56.7	63.7	63.4
女　性（1985年）	58.9	56.9	61.9	64.8	71.7	78.6
（1996年）	54.2	53.4	56.8	55.0	57.0	69.7

注：「まったくそう思う」と「そう思う」に答えた割合（%）で示している。

（ フリガナなし ）

【避けたがる他人とのかかわり】

1

　従来、日本人の価値観は、家族、地域、職場などの集団での和を重視し、その中で義 2
理・人情という言葉で表現される信頼関係を重視してきた。しかし今日、このような信
頼関係が崩れつつある。集団よりも個人を重視する価値観が強くなるとともに、その根
底にある人間関係やコミュニケーションのあり方も大きく変化してきているのである。

　例えば、「あなたは隣近所に住んでいる人を信頼していますか」という質問に対して、 3
信頼していないという人の割合が全体で25%を占めている。特に10代、20代では信頼
していないという人の割合が40%近くに達している。隣近所で互いに助け合うというよ

うな関係が薄れてきており、地域における信頼関係が弱くなっていることがわかる(図表1)。

4　また、「困っている人が近くにいたら放っておけない」という意見について、1985年と96年の調査(注1)結果を比較してみると、男女ともに中高年の層で賛成の意見が大きく減少して、若年層と同程度の割合になってきている(表1)。他人を信頼し助け合うという意識が薄れてきているのである。

5　このような他人との人間関係が希薄化している動きは、生活時間の変化にも表れている。日本人の生活時間の変遷(1972年と91年の比較)を分析した研究成果(注2)によれば、1日のあいだでだれと一緒にいる時間が長いかをみると、「一人きり」でいる時間と「家族」といる時間が増加している一方で、逆に「親類・友人」や「仕事の同僚」といる時間は減少している。高度成長期以降、核家族化が進行したことや、それに伴って個室を持つ子供が増えたこと、また最近では単身世帯が増加してきたことにより、家族以外の外部の人と接触する機会は相対的に減少している傾向にある。では、逆にどのような時間が増えているのかをみると、自由時間の中ではテレビ視聴が最も増えており、ひとりでテレビなどのメディアに接触している時間が増えたことがわかる。

6　このように家族以外の人との接触が減り、家ではひとりでテレビなどのメディアに接触している時間が増える傾向は、現在の情報化の流れの中でますます強くなっていくと考えられる。最近は、テレビゲームやインターネットなどの利用も増えている。また自分の部屋に電話を持つ人の増加、携帯電話やPHSの普及など電話のパーソナル化が進み、ひとりで過ごす時間は今後さらに増えると考えられる。

7　(注1)　生命保険文化センター「第4回・日本人の生活価値観調査」1997年。
　(注2)　矢野眞和編著『生活時間の社会学』東京大学出版会、1995年。

8　　　　　　　　　　　　　　　(野村総合研究所著・発行『変わりゆく日本人』1998年)

フリガナつき

1　**【避けたがる他人とのかかわり】**

2　従来、日本人の価値観は、家族、地域、職場などの集団での和を重視し、その中で義理・人情という言葉で表現される信頼関係を重視してきた。しかし今日、このような信頼関係が崩れつつある。集団よりも個人を重視する価値観が強くなるとともに、その根底にある人間関係やコミュニケーションのあり方も大きく変化してきているのである。

　例えば、「あなたは隣近所に住んでいる人を信頼していますか」という質問に対して、　3
信頼していないという人の割合が全体で25%を占めている。特に10代、20代では信頼
していないという人の割合が40%近くに達している。隣近所で互いに助け合うというよ
うな関係が薄れてきており、地域における信頼関係が弱くなっていることがわかる(図表
1)。

　また、「困っている人が近くにいたら放っておけない」という意見について、1985年と　4
96年の調査(注1)結果を比較してみると、男女ともに中高年の層で賛成の意見が大き
く減少して、若年層と同程度の割合になってきている(表1)。他人を信頼し助け合うと
いう意識が薄れてきているのである。

　このような他人との人間関係が希薄化している動きは、生活時間の変化にも表れてい　5
る。日本人の生活時間の変遷(1972年と91年の比較)を分析した研究成果(注2)によれ
ば、1日のあいだでだれと一緒にいる時間が長いかをみると、「一人きり」でいる時間と
「家族」といる時間が増加している一方で、逆に「親類・友人」や「仕事の同僚」とい
る時間は減少している。高度成長期以降、核家族化が進行したことや、それに伴って
個室を持つ子供が増えたこと、また最近では単身世帯が増加してきたことにより、家族
以外の外部の人と接触する機会は相対的に減少している傾向にある。では、逆にどの
ような時間が増えているのかをみると、自由時間の中ではテレビ視聴が最も増えてお
り、ひとりでテレビなどのメディアに接触している時間が増えたことがわかる。

　このように家族以外の人との接触が減り、家ではひとりでテレビなどのメディアに接　6
触している時間が増える傾向は、現在の情報化の流れの中でますます強くなっていく
と考えられる。最近は、テレビゲームやインターネットなどの利用も増えている。また
自分の部屋に電話を持つ人の増加、携帯電話やPHSの普及など電話のパーソナル化が
進み、ひとりで過ごす時間は今後さらに増えると考えられる。

(注1)　生命保険文化センター「第4回・日本人の生活価値観調査」1997年。　7
(注2)　矢野眞和編著『生活時間の社会学』東京大学出版会、1995年。

(野村総合研究所著・発行『変わりゆく日本人』1998年)　8

資料—6　寮生600人　友人ゼロ

●『朝日新聞』1996年4月3日付朝刊

静まり返った廊下。共有スペースはあっても、集まってくる学生はほとんどいない＝東京都内の大学寮で

フリガナなし

1　現代の若者に共通しているのは、「やさしさ」だという。友人にも敬語を使ってぶつかり合いを避け、群れていても相手の心には踏み込まない——。だが、そうした行動の奥底には、深くかかわることで傷つくのを恐れ、今を気楽に過ごしたいという自分へのやさしさがのぞく。彼らは他人との関係をどうとらえ、どこに居場所を求めようとしているのか。

＊

2　のっぺらぼうな灰白色の扉が続いている。

3　60年余りの伝統がある東京都内の大学寮。3年前に建て替えられた白ずくめのだだっ広い館内は、扉に並ぶ3けたの番号が部屋の目印だ。

【いがみ合いは面倒】 4

「一つ屋根の下といっても行き来は少ない。名前なんていらないんですよ」 5

こう説明する渉(22)の部屋は「225」。寮生活3年、ほとんど数字だけで済ませてき 6
た。ここに住む600人に、友人は一人もいない。廊下でも会釈せず通りすぎる。

「部屋にこもっていると、人の存在を忘れられる」 7

五畳間のかぎをかけて、渉は言った。入り口に「500」の数字が点滅している。プリペ 8
イドカードで電源が入る仕組みで、あと500円分しかないとの警告だ。生命科学の本や
ギター。冷蔵庫つきのミニキッチン、冷暖房、シャワーもそろう。寮費も含め1ヵ月
8,000円程度で済む。

壁越しに時おり、目覚まし時計の音やカラオケが聞こえる。中国語なので留学生かも 9
しれない。静かにしてほしいが、いがみあうのは面倒で黙っている。彼女も遊びに来る
けれど、紅茶を飲みながら一日中、ぼーっと小説を読むのが「とびきり幸せ」と思う。

渉は遺伝子の研究で大学に残りたいと考えている。 10

「好きなことだけを追っていけそう。テーマも細分化していて競争もないでしょ」 11

小さいころからあくせく勉強はしなかった。が、大学の講義を最前列で聴き入る同級 12
生を見るとあせりも感じる。決まった時間に起きて会社に行き、競争させられるサラリー
マン生活もいやだと思う。

3年になって、まじめに勉強し始めたころから、友達づきあいが減った。1、2年のとき 13
のサッカーサークル仲間とは親しくしても、クラスでは少しでも自分に合わないとわか
ると、話す気が起こらない。学食でも一人。誕生日ごとに、友達を受け入れるのがおっ
くうになっていく。

寂しさを感じないわけではない。プリペイドカードが切れ、部屋の明かりが真っ暗に 14
なるとき。シャワールームのお湯が水に変わり、自動販売機へカードを買いに走る。

それでも、「人に合わせるわずらわしさより、一人の気楽さが一番」。 15

【人情派、カラ回り】 16

同じ寮の郁(21)は2年ほど前、廊下の一角にある共有スペースに、自室からテーブル 17
やソファ、冷蔵庫、ポットを持ち込んだ。皆が集まるように、テレビで衛星放送が見ら
れるようにし、本や漫画も並べた。寝るとき以外はここで過ごす。

大部屋中心の旧寮時代の人間関係が懐かしい。「せっかくの寮暮らし、たくさんの人と 18
話がしたい」

だが、通りすぎる寮生からは見向きもされない。 19

それでもめげず、昨秋は「寮祭」の復活を企画した。たった一人で走り回ったが、寮 20

生はわずか 200 人だけ。一般参加より少なかった。

21 **【相部屋は不満の渦】**

22 　「わたしの靴を返して！」。掲示板には、ビラが何枚も張り出されていた。長い歴史をもつ西日本の女子大の寮。4 人部屋で約 300 人が暮らす。

23 　盗難が相次ぐようになったのは最近の話だ。自転車、コート、洗剤。あちこちでバターがなくなったこともある。寮生の多くはビニールロッカーにかぎをかけている。

24 　昨年暮れの寮生大会は、自治運営という本題そっちのけになった。「シャワーのお湯が隣の人にかかり迷惑」「食器を廊下に置きっ放し」など、寮仲間への不満が午前 2 時すぎまで噴き出した。

25 　寮生の裕子 = 仮名 = (20) は、「表面は穏やかなのに」と首をかしげる。半分以上が顔見知り。家族構成から、洗濯に出した洋服まで通じている。あいさつも欠かさない。

26 　「深入りしないのが鉄則と思いました」。裕子はこの春、完成したばかりの個室寮に移った。

27 　　　　　　　　　　　　　　　　　　　　　　　　　（『朝日新聞』1996 年 4 月 3 日付朝刊）

フリガナつき

1 　現代の若者に共通しているのは、「やさしさ」だという。友人にも敬語を使ってぶつかり合いを避け、群れていても相手の心には踏み込まない——。だが、そうした行動の奥底には、深くかかわることで傷つくのを恐れ、今を気楽に過ごしたいという自分へのやさしさがのぞく。彼らは他人との関係をどうとらえ、どこに居場所を求めようとしているのか。

　　　　　　　　　　　　　　　　　　　＊

2 　のっぺらぼうな灰白色の扉が続いている。

3 　60 年余りの伝統がある東京都内の大学寮。3 年前に建て替えられた白ずくめのだだっ広い館内は、扉に並ぶ 3 けたの番号が部屋の目印だ。

4 **【いがみ合いは面倒】**

5 　「一つ屋根の下といっても行き来は少ない。名前なんていらないんですよ」

6 　こう説明する渉 (22) の部屋は「225」。寮生活 3 年、ほとんど数字だけで済ませてきた。ここに住む 600 人に、友人は一人もいない。廊下でも会釈せず通りすぎる。

7 　「部屋にこもっていると、人の存在を忘れられる」

五畳間のかぎをかけて、渉は言った。入り口に「500」の数字が点滅している。プリペイドカードで電源が入る仕組みで、あと500円分しかないとの警告だ。生命科学の本やギター。冷蔵庫つきのミニキッチン、冷暖房、シャワーもそろう。寮費も含め1ヵ月8,000円程度で済む。　8

壁越しに時おり、目覚まし時計の音やカラオケが聞こえる。中国語なので留学生かもしれない。静かにしてほしいが、いがみあうのは面倒で黙っている。彼女も遊びに来るけれど、紅茶を飲みながら一日中、ぼーっと小説を読むのが「とびきり幸せ」と思う。　9

渉は遺伝子の研究で大学に残りたいと考えている。　10

「好きなことだけを追っていけそう。テーマも細分化していて競争もないでしょ」　11

小さいころからあくせく勉強はしなかった。が、大学の講義を最前列で聴き入る同級生を見るとあせりも感じる。決まった時間に起きて会社に行き、競争させられるサラリーマン生活もいやだと思う。　12

3年になって、まじめに勉強し始めたころから、友達づきあいが減った。1、2年のときのサッカーサークル仲間とは親しくしても、クラスでは少しでも自分に合わないとわかると、話す気が起こらない。学食でも一人。誕生日ごとに、友達を受け入れるのがおっくうになっていく。　13

寂しさを感じないわけではない。プリペイドカードが切れ、部屋の明かりが真っ暗になるとき。シャワールームのお湯が水に変わり、自動販売機へカードを買いに走る。　14

それでも、「人に合わせるわずらわしさより、一人の気楽さが一番」。　15

【人情派、カラ回り】　16

同じ寮の郁（21）は2年ほど前、廊下の一角にある共有スペースに、自室からテーブルやソファ、冷蔵庫、ポットを持ち込んだ。皆が集まるように、テレビで衛星放送が見られるようにし、本や漫画も並べた。寝るとき以外はここで過ごす。　17

大部屋中心の旧寮時代の人間関係が懐かしい。「せっかくの寮暮らし、たくさんの人と話がしたい」　18

だが、通りすぎる寮生からは見向きもされない。　19

それでもめげず、昨秋は「寮祭」の復活を企画した。たった一人で走り回ったが、寮生はわずか200人だけ。一般参加より少なかった。　20

【相部屋は不満の渦】　21

「わたしの靴を返して！」。掲示板には、ビラが何枚も張り出されていた。長い歴史をもつ西日本の女子大の寮。4人部屋で約300人が暮らす。　22

23　　盗難が相次ぐようになったのは最近の話だ。自転車、コート、洗剤。あちこちでバターがなくなったこともある。寮生の多くはビニールロッカーにかぎをかけている。

24　　昨年暮れの寮生大会は、自治運営という本題そっちのけになった。「シャワーのお湯が隣の人にかかり迷惑」「食器を廊下に置きっ放し」など、寮仲間への不満が午前2時過ぎまで噴き出した。

25　　寮生の裕子＝仮名＝(20)は、「表面は穏やかなのに」と首をかしげる。半分以上が顔見知り。家族構成から、洗濯に出した洋服まで通じている。あいさつも欠かさない。

26　　「深入りしないのが鉄則と思いました」。裕子はこの春、完成したばかりの個室寮に移った。

27
（『朝日新聞』1996年4月3日付朝刊）

■ 話そう・書こう ■ 　情報を自分のことばで表現しよう

ステップ1　資料からの情報

[1] それぞれの資料の情報を書きながらまとめましょう。
しりょう　じょうほう

	だれからの情報でしたか	何が分かりましたか	どの部分から分かりましたか ぶぶん
資料―1			
資料―2			
資料―3			
資料―4			
資料―5			
資料―6			

[2] それぞれの資料を関係づけて、このテーマについての情報をまとめましょう。
かんけい

ステップ2　あなたからの情報

[1] ステップ1でまとめた情報の中で、新しい情報はありましたか。

（あった・なかった）

[2] どれが新しい／新しくない情報でしたか。

[3] ステップ1でまとめた情報は、あなたの国と同じでしたか。

（すべて同じ・違う点もある・まったく違う）

[4] どの情報からそのように思いましたか。

[5] 次のトピックについてあなたの考えをスピーチや作文で表現してみましょう。
- 私の国の若者のファッション
- 日本と私の国での若者の違い
- 日本の若者に言いたいこと
- 私の国の大人に言いたいこと
- その他（　　　　　　　　　　）

ステップ3　もっと知りたい！

　このテーマについてもっと知るために、どのような情報が必要ですか。参考図書の伊奈 (2000)、小浜 (1998)、平野他 (1999)、藤村 (2000)、文部省高等教育学生課 (1999) などを参考にして調べてみましょう。

テーマ 4 仕事への意識

「何のために働くか?」

キーワード

就職、終身雇用、残業、転勤、単身赴任、
しゅうしょく しゅうしんこよう ざんぎょう てんきん たんしんふにん
リストラ、転職
てんしょく

● 知っていることを話そう ● キーワードを使って 知っている情報を整理しよう

[1] みなさんの国に、サラリーマンはどのくらいいますか。

[2] 日本の場合（ばあい）はどうでしょうか。次（つぎ）のグラフはサラリーマンとそうでない人（農林業（のうりんぎょう）など）の人口（じんこう）を示しています。グラフからどのようなことが分かりますか。

産業別就業者数の割合
さんぎょうべつしゅうぎょうしゃすう　わりあい

農林業，漁業（ぎょぎょう）　　　　建設業（けんせつ），製造業（せいぞう），卸売（おろしうり），小売業（こうり），サービス業など

年	農林業,漁業	建設業,製造業,卸売,小売業,サービス業など
70年	17.4%	82.4%
80年	10.4%	89.3%
90年	7.2%	92.3%
95年	5.7%	93.9%
98年	5.3%	94.2%

注（ちゅう）：就業者総数は、1970年が5,094万人、80年が5,536万人、90年が6,249万人、95年が6,457万人、98年が6,514万人。

（総務庁統計局統計センター（そうむちょうとうけいきょく）、ホームページのデータにもとづく）

[3] 日本のサラリーマンについてどのようなイメージを持っていますか。

[4] 次の「ことわざ」は、日本の社会生活（しゃかいせいかつ）でよく使われます。これらのことわざから日本の社会についてどのようなことが分かりますか。

1) 聞いたことがありますか。

2) どのような意味（いみ）でしょうか。

3) どのようなときに使われると思いますか。

4) みなさんの国で同じようなことばがありますか。それは何ですか。

寄らば大樹の陰
よ　　たいじゅ　かげ

長いものには巻かれろ
ま

鶏口となるとも牛後となるなかれ
けいこう　　　　　　　ぎゅうご

出る杭は打たれる
で　くい　う

憎まれっ子世に憚る
にく　　　　よ　はばか

石の上にも三年
いし

三日坊主
みっか ぼうず

朱に交われば赤くなる
しゅ　まじ

和して同ぜず
わ　　どう

寄らば大樹の陰——木の下に身を寄せるならば、小さな木より大木の下のほうがよい。勢力のある者を頼るほうが、安全でもあり利益も多い。

長いものには巻かれろ——自分の手におえないほどの長いものには、いっそ反抗しないで巻かれてしまえ。権力のあるものや目上の人には逆らわないで、たとい不満があってもそれをこらえ、言うなりに従っておいたほうが無難であり得策である。

鶏口となるとも牛後となるなかれ——大きな団体で、しりに付いているよりも、小さな団体でもその長となれという意。人に従属するよりも独立したほうがよいというたとえ。

出る杭は打たれる——ほかの杭より高く出た杭は打ちへこまされる。差し出たふるまいをする者、または頭角を現す有能な者は、他から憎まれたり妨げられたりする。

憎まれっ子世に憚る——人に憎まれるような者が、かえって世間では幅をきかす。

石の上にも三年——冷たい石の上にも、三年すわり続ければ暖まる。つらくてもがまんして続ければ、必ず成功する。しんぼう強く根気よく勤めることが大切。

勢力：power, influence　　手におえない：out of control, unmanageable　　反抗(する)：resistance〈resist〉
権力：power, authority　　逆らう：resist　　得策：wise policy　　杭：stake, post　　へこむ：become hollow, be dented, sink in　　ふるまい：behavior　　頭角を現す：distinguish oneself　　妨げる：hinder, disturb　　世間：society, people in general　　幅をきかす：make one's influence　　しんぼう強い：patient, persevering

三日坊主——出家して僧になることは尊い行いとされ、先祖から末代まで、一族の者が救われるといわれているが、反面、その修行・戒律はきびしく、頭をそったものの、耐えられなくなって還俗してしまう。転じて、飽きやすく、一つのことが長続きしない人を、あざけって言う言葉。

朱に交われば赤くなる——朱色のものに交われば、自分も同じ赤色になる。人はつきあう友によって善にも悪にも感化される。友人の感化力の大きさ、友人を選ぶことの重要さをいう。

和して同せず——人とのつきあいは、調和するように心がけるべきではあるが、むやみに他人の意見に引きずられたり妥協してはいけない。協調は大切であるが、道理に外れたことには、あくまでも反対しなければいけない、という意。

（『必携　故事ことわざ辞典』三省堂、1979年）

出家(する)：僧になること　　僧：priest　　尊い：respectful, noble　　先祖：ancestor　　末代：all generations to come　　修行(する)：training〈serve one's apprenticeship〉　　戒律：religious precepts, commandments　　還俗(する)：僧をやめて普通の生活にもどること　　転じる：変わる　　あざける：ridicule, make fun of　　朱色：赤　　交わる：つきあう　　善：いいこと、いいおこない　　感化(する)：influence, inspire〈exert influence on〉　　調和(する)：harmony〈harmonize〉　　心がける：気をつける　　むやみに：thoughtless, recklessly　　妥協(する)：compromise〈compromise〉　　協調(する)：cooperation〈cooperate〉　　道理：reason, justice, truth　　外れる：be out of place, be dislocated

ここから考えよう　　もっと情報を集めよう

次の資料から日本社会で働く人について、いろいろな情報を読みとりましょう。

- 資料―1　満員電車(エッセイ)

- 資料―2　銀色の登り道(小説)

- 資料―3　暮らしを守る7ヵ条(新聞記事)

- 資料―4　今、仕事人間は(イラスト)

- 資料―5　多様化する就業意識(評論)

- 資料―6　会社と「出る杭・出ない杭」(エッセイ)

資料—1 満員電車

私は「社宅」を「社畜小屋」と言っている。社員を家畜ならぬ社畜にする小屋である。 1

とすれば、ラッシュアワーの満員電車は、まさに"走る社畜小屋"とは言えないだろ 2
うか。あるいは、車のついた社畜小屋である。

朝、日本のサラリーマン（別名、社畜）は食事もそこそこに駅にかけつけ、この非人間 3
的な"容れもの"に乗りこむ。それも、自らの意志だけではなかなか入り込めず、駅員
たちに尻を押してもらって、やっとなかに"収納"されるのである。

毎朝のこととて、駅員たちは馴れたもので押し込めると判断した場合は尻押しをし、ダ 4
メと思った時は剥ぎ取りをする。

シリオシとハギトリ。この二つのコトバの間で、ニンゲンというよりは物体化した社 5
畜たちが出たり入ったりする。

自分で自分の運命を決められないというのはなかに入っても同様で、靴が脱げたり、ボ 6
タンが取れたり、あるいは窓ガラスに顔が押しつけられたりしても、それをさがそうと
したり、体勢の転換を図ったりしてはならない。大体、ほとんど物理的にそんなことは
できないのが満員電車の満員電車たるゆえんで、そこでサラリーマンは、サラリーマン
生活にもっとも必要な「忍耐」を学ぶのである。

サラリーマンについて、「遅れず、休まず、働かず」というコトバがある。最後の「働 7
かず」はともかく、横並び主義の日本では、「遅れず、休まず」はサラリーマンにとって
必須条件である。

どんなに前夜、仕事で遅くなっても、翌朝定時に出社する。定時に出社して、出勤簿 8
に判をつくなり、タイムレコーダーを押すなりすれば、あとは近くの喫茶店に逃げ込ん
で寝ていても「勤勉」のレッテルを貼ってもらえる。上司に引っ張りまわされて、へべ
れけに酔っても、次の朝、定時に顔を出せば、見込みのある奴と言われるのだから、「遅
刻せずに出社する」ことは何よりも大事なのである。

こうした日本の会社の風土を背景に、きょうもラッシュアワーはやって来る。仕事よ 9
りもエネルギーを使う通勤ならぬ痛勤。ぐったりとして会社にたどりつき、それから仕
事をするのだから、日本のサラリーマンはタフでなければ務まらない。そのトレーニン
グ・ボックスが満員電車だと言えるかもしれない。

気の毒なのは、この苦役の時間が労働時間に入っていないことである。スウェーデン 10
では通勤時間を労働時間に入れているそうだが、お家がますます遠くなっている日本の

サラリーマンのそれをこそ、労働時間に算入することが必要だろう。

11　そうでなければ、とても耐えられるものではない。

12　運輸大臣などが就任まもなく視察したりするが、サラリーマンは、一日だけでなく、毎日、この苦役に耐えているのである。

13　まさに身動きならないブロイラーの飼育場を連想させもする満員電車。日本のサラリーマンの哀れさと勤勉さを乗せてきょうもそれは走る。

14　　　　　　　　　　　　（佐高信『日本サラリーマン白書』社会思想社、1994 年）

フリガナつき

1　私は「社宅」を「社畜小屋」と言っている。社員を家畜ならぬ社畜にする小屋である。

2　とすれば、ラッシュアワーの満員電車は、まさに“走る社畜小屋”とは言えないだろうか。あるいは、車のついた社畜小屋である。

3　朝、日本のサラリーマン(別名、社畜)は食事もそこそこに駅にかけつけ、この非人間的な“容れもの”に乗りこむ。それも、自らの意志だけではなかなか入り込めず、駅員たちに尻を押してもらって、やっとなかに“収納”されるのである。

4　毎朝のこととて、駅員たちは馴れたもので押し込めると判断した場合は尻押しをし、ダメと思った時は剥ぎ取りをする。

5　シリオシとハギトリ。この二つのコトバの間で、ニンゲンというよりは物体化した社畜たちが出たり入ったりする。

6　自分で自分の運命を決められないというのはなかに入っても同様で、靴が脱げたり、ボタンが取れたり、あるいは窓ガラスに顔が押しつけられたりしても、それをさがそうとしたり、体勢の転換を図ったりしてはならない。大体、ほとんど物理的にそんなことはできないのが満員電車の満員電車たるゆえんで、そこでサラリーマンは、サラリーマン生活にもっとも必要な「忍耐」を学ぶのである。

7　サラリーマンについて、「遅れず、休まず、働かず」というコトバがある。最後の「働かず」はともかく、横並び主義の日本では、「遅れず、休まず」はサラリーマンにとって必須条件である。

8　どんなに前夜、仕事で遅くなっても、翌朝定時に出社する。定時に出社して、出勤簿に判をつくなり、タイムレコーダーを押すなりすれば、あとは近くの喫茶店に逃げ込んで寝ていても「勤勉」のレッテルを貼ってもらえる。上司に引っ張りまわされて、へべれけに酔っても、次の朝、定時に顔を出せば、見込みのある奴と言われるのだから、「遅刻せずに出社する」ことは何よりも大事なのである。

　こうした日本の会社の風土を背景に、きょうもラッシュアワーはやって来る。仕事よ　9
りもエネルギーを使う通勤ならぬ痛勤。ぐったりとして会社にたどりつき、それから仕
事をするのだから、日本のサラリーマンはタフでなければ務まらない。そのトレーニン
グ・ボックスが満員電車だと言えるかもしれない。

　気の毒なのは、この苦役の時間が労働時間に入っていないことである。スウェーデン　10
では通勤時間を労働時間に入れているそうだが、お家がますます遠くなっている日本の
サラリーマンのそれをこそ、労働時間に算入することが必要だろう。

　そうでなければ、とても耐えられるものではない。　11

　運輸大臣などが就任まもなく視察したりするが、サラリーマンは、一日だけでなく、　12
毎日、この苦役に耐えているのである。

　まさに身動きならないブロイラーの飼育場を連想させもする満員電車。日本のサラリー　13
マンの哀れさと勤勉さを乗せてきょうもそれは走る。

（佐高 信『日本サラリーマン白書』社会思想社、1994 年）　14

資料―2　銀色の登り道

　フリガナなし

1　朝のオフィス街。

2　ビルの谷は深い。まだ昇りきらない太陽が長い斜影を道に落としている。清められた路上をときおりタクシーが走り抜ける。早番のオフィス・ガールが歩道にコトコトと足音を響かせて急ぐ。ポプラ並木の芽が青い。

3　青年は地下鉄の黒い出口を駆けあがると、灰色のビルのドアを押しあけた。ドアの脇には年老いた守衛がひとり立っていて、青年の姿を認めると、

「おはようございます」

　と、ていねいに声をかけた。

「おはようございます」

4　青年は少し胸をそらして答え、そのままいそいそと正面のエスカレーターに足を運んだ。あたりにはまだサラリーマンたちの姿はない。ヒッソリとしたビルの中を銀色のエスカレーターだけが、かすかな音をあげ、バリカンのような踏み板を上へ上へと運びあげている。

5　青年はエスカレーターの上で、もう一度背すじを伸ばし、ゆるんだネクタイをキュッと締めた。

「さあやるぞ」

6　からだの中に活気がみなぎってくる。興奮が頬を染める。

7　だが、そのとき、青年はエスカレーターの前方を見上げて、

「はて？」

　と首をかしげた。

「このエスカレーター、何階までいくのだろう？」

8　見上げる限り細い道が続くばかりで、エスカレーターの切れ目が見えない。銀色のバリカンは、軽い、なめらかな音をたてて上へ上へと進み、いっこうに"終わり"の見える気配がない。

9　青年がふり返ると、彼がたった今くぐり抜けたガラスのドアは、もうはるか足下にあって、一階のロビイはミニチュア細工のように遠い。その中で制服の守衛が、黒い虫ケラのようにうごめいていた。

10　もう七階か、八階か、いや、それどころではあるまい。もう十五、六階の高さまでは来ているだろう。

青年はあわてて二、三歩階段をおりてみた。だが、エスカレーターの登る速度のほう 11
が速い。彼がいくらあせってみても、いまさら下へおりることはできない。エスカレー
ターの両側にはすでに大理石の壁がせまり、青年はただまっすぐに立って前に進むより
仕方なかった。

エスカレーターは相変わらずグングンと上へ登る。いったいどこまで登るのだろうか? 12

青年は目を閉じた。目の奥にエスカレーターの端が現われた。高山の絶壁にも似た、高 13
い、深い断崖であった。そして、そこまでたどりついた自分が、まっさかさまに陥穽へ
落ちていくさまも目に浮かんだ。

「これがサラリーマンなんだな」

青年はなぜかそう思った。 14

春四月、初出勤の朝であった。 15

（阿刀田高『食べられた男』講談社文庫、1982 年） 16

フリガナつき

朝のオフィス街。 1

ビルの谷は深い。まだ昇りきらない太陽が長い斜影を道に落としている。清められた 2
路上をときおりタクシーが走り抜ける。早番のオフィス・ガールが歩道にコトコトと足
音を響かせて急ぐ。ポプラ並木の芽が青い。

青年は地下鉄の黒い出口を駆けあがると、灰色のビルのドアを押しあけた。ドアの脇 3
には年老いた守衛がひとり立っていて、青年の姿を認めると、

「おはようございます」

と、ていねいに声をかけた。

「おはようございます」

青年は少し胸をそらして答え、そのままいそいそと正面のエスカレーターに足を運ん 4
だ。あたりにはまだサラリーマンたちの姿はない。ヒッソリとしたビルの中を銀色のエ
スカレーターだけが、かすかな音をあげ、バリカンのような踏み板を上へ上へと運びあ
げている。

青年はエスカレーターの上で、もう一度背すじを伸ばし、ゆるんだネクタイをキュッ 5
と締めた。

「さあやるぞ」

からだの中に活気がみなぎってくる。興奮が頬を染める。 6

だが、そのとき、青年はエスカレーターの前方を見上げて、 7

「はて？」

　と首をかしげた。

「このエスカレーター、何階までいくのだろう？」

8　　見上げる限り細い道が続くばかりで、エスカレーターの切れ目が見えない。銀色のバリカンは、軽い、なめらかな音をたてて上へ上へと進み、いっこうに"終わり"の見える気配がない。

9　　青年がふり返ると、彼がたった今くぐり抜けたガラスのドアは、もうはるか足下にあって、一階のロビイはミニチュア細工のように遠い。その中で制服の守衛が、黒い虫ケラのようにうごめいていた。

10　　もう七階か、八階か、いや、それどころではあるまい。もう十五、六階の高さまでは来ているだろう。

11　　青年はあわてて二、三歩階段をおりてみた。だが、エスカレーターの登る速度のほうが速い。彼がいくらあせってみても、いまさら下へおりることはできない。エスカレーターの両側にはすでに大理石の壁がせまり、青年はただまっすぐに立って前に進むより仕方なかった。

12　　エスカレーターは相変わらずグングンと上へ登る。いったいどこまで登るのだろうか？

13　　青年は目を閉じた。目の奥にエスカレーターの端が現われた。高山の絶壁にも似た、高い、深い断崖であった。そして、そこまでたどりついた自分が、まっさかさまに陥穽へ落ちていくさまも目に浮かんだ。

「これがサラリーマンなんだな」

14　　青年はなぜかそう思った。

15　　春四月、初出勤の朝であった。

16　　　　　　　　　　　　　　　　　　　　　　　　　　（阿刀田高『食べられた男』講談社文庫、1982年）

資料―3　暮らしを守る7ヵ条

●『朝日新聞』1997年11月8日付 朝刊
づけちょうかん

●暮らしを守る7ヵ条

安易に辞めるな

退職金など条件がよいからと、簡単に勧奨退職に手を挙げてはいけない。元の職場より恵まれたところはほとんどない。

健康であれ

当たり前だが、これなくしては不安定な時代を生き抜けない。タフでなければ。

好奇心をもて

新しい時代のニーズが分からない人は使えない。業界の論理やしきたりだけで働くようでは情けない。

35歳までに英語力を

再就職先として有望視される外資系に転職するには、最低限必要だ。ほかの言語が堪能ならなおいい。35歳を超えて英語ができなければ、外資からもお呼びがかからない。

ラテン気質をもて

あまりくよくよしすぎても良い結果は生まれない。「会社なんて」「仕事なんか」と突き放す態度も時に必要。

友だちをつくれ

仕事は口コミで決まる。いざという時に頼れるのは、信頼できる友だち。私設の職業紹介ネットワーク、相互安全保障だ。

生活のリストラを

惰性で続けるゴルフ、無駄なつきあい酒をやめて、自分を磨こう。

（フリガナなし）

【安易に辞めるな】　　　　　　　　　　　　　　　　　　　　　　　　　　1

　退職金など条件がよいからと、簡単に勧奨退職に手を挙げてはいけない。元の職場より恵まれたところはほとんどない。

【健康であれ】　　　　　　　　　　　　　　　　　　　　　　　　　　　　2

　当たり前だが、これなくしては不安定な時代を生き抜けない。タフでなければ。

【好奇心をもて】　　　　　　　　　　　　　　　　　　　　　　　　　　　3

　新しい時代のニーズが分からない人は使えない。業界の論理やしきたりだけで働くようでは情けない。

【35歳までに英語力を】　　　　　　　　　　　　　　　　　　　　　　　4

　再就職先として有望視される外資系に転職するには、最低限必要だ。ほかの言語が堪能ならなおいい。35歳を超えて英語ができなければ、外資からもお呼びがかからない。

5 【ラテン気質をもて】

　あまりくよくよしすぎても良い結果は生まれない。「会社なんて」「仕事なんか」と突き放す態度も時に必要。

6 【友だちをつくれ】

　仕事は口コミで決まる。いざという時に頼れるのは、信頼できる友だち。私設の職業紹介ネットワーク、相互安全保障だ。

7 【生活のリストラを】

　惰性で続けるゴルフ、無駄なつきあい酒をやめて、自分を磨こう。

8 （『朝日新聞』1997 年 11 月 8 日付朝刊）

（ フリガナつき ）

1 【安易に辞めるな】

　退職金など条件がよいからと、簡単に勧奨退職に手を挙げてはいけない。元の職場より恵まれたところはほとんどない。

2 【健康であれ】

　当たり前だが、これなくしては不安定な時代を生き抜けない。タフでなければ。

3 【好奇心をもて】

　新しい時代のニーズが分からない人は使えない。業界の論理やしきたりだけで働くようでは情けない。

4 【35 歳までに英語力を】

　再就職先として有望視される外資系に転職するには、最低限必要だ。ほかの言語が堪能ならなおいい。35 歳を超えて英語ができなければ、外資からもお呼びがかからない。

5 【ラテン気質をもて】

　あまりくよくよしすぎても良い結果は生まれない。「会社なんて」「仕事なんか」と突き放す態度も時に必要。

6 【友だちをつくれ】

　仕事は口コミで決まる。いざという時に頼れるのは、信頼できる友だち。私設の職業紹介ネットワーク、相互安全保障だ。

7 【生活のリストラを】

　惰性で続けるゴルフ、無駄なつきあい酒をやめて、自分を磨こう。

8 （『朝日新聞』1997 年 11 月 8 日付朝刊）

122

資料—4　今、仕事人間は

●『朝日新聞』1997年1月1日付夕刊

「仕事人間」今は昔に

一番やってみたい職業

（数字は％。「その他・答えない」は省略）

男性

- 1位 政治家 58人
- 2位 スポーツ選手 48人
- 3位 公務員 45人

女性

- 1位 福祉関係 71人
- 2位 お店、商売 48人
- 3位 教師 46人

製作：佐々木克司（デザイン部）

資料―5 多様化する就業意識

●就業状況別生きがいのタイプ（表1）

（単位：%）

	フルタイム勤労者	パート・アルバイト	専業主婦または家事手伝い	学生	無職	全体
仕事派	14.6	4.3	0.5	3.1	2.3	9.1
バランス派	30.3	17.9	5.0	9.1	5.6	21.0
趣味派	15.1	19.0	22.2	74.3	29.8	22.7
家庭派	40.1	58.7	72.3	13.6	62.3	47.2

●仕事派と家庭派の考え方の違い（フルタイム勤労者）（表2）

（単位：%）

	積極的に社会のために貢献したい	能力向上により、社会的に認められたい	仕事の目的は会社を発展させること
仕事派	27.1	50.4	37.9
家庭派	23.6	33.3	21.9

●個人収入が1,000万円以上の人の割合（表3）

（単位：%）

	20代	30代	40代	50代	60代
家庭派	0.0	2.4	1.1	5.9	3.8
仕事派	0.0	0.0	7.1	22.7	5.7

●企業における人材構成の見通し（図表1）

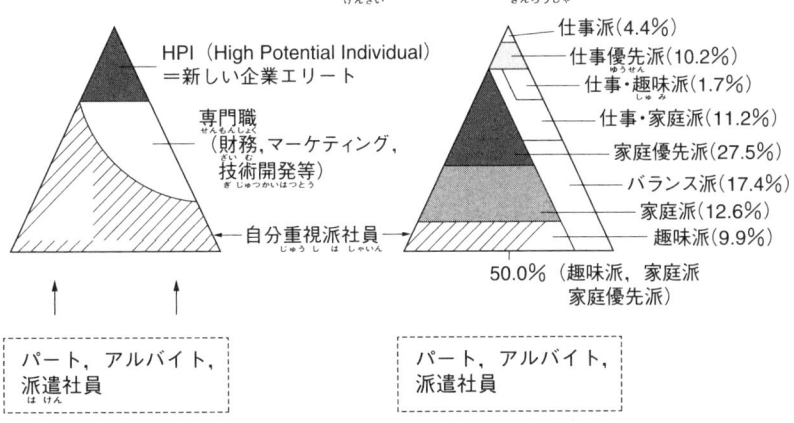

〈今後の企業における人材構成〉

HPI（High Potential Individual）＝新しい企業エリート

専門職（財務、マーケティング、技術開発等）

自分重視派社員

パート、アルバイト、派遣社員

〈現在のフルタイム勤労者の人材構成〉

仕事派（4.4%）
仕事優先派（10.2%）
仕事・趣味派（1.7%）
仕事・家庭派（11.2%）
家庭優先派（27.5%）
バランス派（17.4%）
家庭派（12.6%）
趣味派（9.9%）

50.0%（趣味派、家庭派、家庭優先派）

パート、アルバイト、派遣社員

124

フリガナなし

　従来、仕事中心といわれてきた就業者の意識は、かなり多様化が進んできている。フ　1
ルタイム勤労者では家庭派が 40%、それぞれにほぼ均等に重点をおくバランス派が 30%、
趣味派が 15% となっており、仕事派が意外に少ない結果となっている（表 1）。

　しかし、生きがいのタイプによって仕事に対する意識は大きく異なっている。例えば、　2
収入よりも勤務時間が短いことを重視する割合は、家庭派や趣味派で高く仕事派では低
い。仕事派は能力向上により社会的に認められたいという意識や会社の発展に対する貢
献への意識が高いとともに、社会貢献に対する意識も高いという特徴がある（表 2）。ま
た、仕事派は家庭派などと比べ、同じ年齢層同士で比較すると年収が高い点も特徴となっ
ている（表 3）。

　図表 1 は、企業における今後の人材構成の見通しと、「生活者一万人アンケート調査」　3
の結果から得られた現在のフルタイム勤労者の構成とを対比させたものである。企業の
マネジメントを担う少数の層は、各分野の専門職の中から選抜されて、世界中の様々な
国・地域のマネジメントを任されており、責任やリスクも重いかわりに多額の報酬を受
け取っている。

　一方、それ以外の多数の社員は、決められた仕事を時間内に行ってそれに見合う報酬　4
を得ている。いわば、"自分重視派" の人々である。「生活者一万人アンケート調査」に
おける趣味派、家庭派、家庭優先派を "自分重視派" 社員とみなすと、わが国でも 50%
の人は自分重視派社員である。

　今日、企業においてはリストラクチャリングや能力主義に基づく評価制度の導入など　5
が進んできており、業務・責任とそれに対応した報酬の格差などが明確になる方向にあ
る。それに伴い企業における人材は、ハイリスク・ハイリターンでマネジメントを担う
少数のエリート層と、自分の生活を重視し、与えられた仕事とそれに見合った報酬を受
ける多数の自分重視派に二極化していくと考えられる。

（野村総合研究所著・発行『変わりゆく日本人』1998 年）　6

フリガナつき

　従来、仕事中心といわれてきた就業者の意識は、かなり多様化が進んできている。　1
フルタイム勤労者では家庭派が 40%、それぞれにほぼ均等に重点をおくバランス派が
30%、趣味派が 15% となっており、仕事派が意外に少ない結果となっている（表 1）。
　しかし、生きがいのタイプによって仕事に対する意識は大きく異なっている。例えば、　2

収入よりも勤務時間が短いことを重視する割合は、家庭派や趣味派で高く仕事派では低い。仕事派は能力向上により社会的に認められたいという意識や会社の発展に対する貢献への意識が高いとともに、社会貢献に対する意識も高いという特徴がある(表2)。また、仕事派は家庭派などと比べ、同じ年齢層同士で比較すると年収が高い点も特徴となっている(表3)。

3　図表1は、企業における今後の人材構成の見通しと、「生活者一万人アンケート調査」の結果から得られた現在のフルタイム勤労者の構成とを対比させたものである。企業のマネジメントを担う少数の層は、各分野の専門職の中から選抜されて、世界中の様々な国・地域のマネジメントを任されており、責任やリスクも重いかわりに多額の報酬を受け取っている。

4　一方、それ以外の多数の社員は、決められた仕事を時間内に行ってそれに見合う報酬を得ている。いわば、"自分重視派"の人々である。「生活者一万人アンケート調査」における趣味派、家庭派、家庭優先派を"自分重視派"社員とみなすと、わが国でも50%の人は自分重視派社員である。

5　今日、企業においてはリストラクチャリングや能力主義に基づく評価制度の導入などが進んできており、業務・責任とそれに対応した報酬の格差などが明確になる方向にある。それに伴い企業における人材は、ハイリスク・ハイリターンでマネジメントを担う少数のエリート層と、自分の生活を重視し、与えられた仕事とそれに見合った報酬を受ける多数の自分重視派に二極化していくと考えられる。

6

(野村総合研究所著・発行『変わりゆく日本人』1998年)

資料―6　会社と「出る杭・出ない杭」

【サラリーマン「平和三原則」の怪】　1

会社を辞めるキッカケは、こうも分類できる。本人の意志のある、なしだ。　2

「本人の意志がある」は、さらに二つに分かれる。積極的理由と消極的理由である。積　3
極的理由とは、結婚退社、家事を継ぐなどと、そしてキャリア・アップのための転職や
独立・起業家への道などがあたる。いずれも、めでたい話だ。

かたや、消極的理由は、職場への嫌気や、将来への不安などだ。こちらは暗い。「本人　4
の意志がない」場合は、もっと暗くなる。解雇や左遷などで居づらくして退社に追い込
むというパターンである。

こう考えると、「会社を辞める」という行為のうちで、"ハッピーな退社"は三分の一　5
の可能性でしかないということにもなる。とくに、男性は問題だ。結婚退社(最近では、
女性も減った)は、ほとんどといってない。残るケースも、よほど才能かチャンスに恵ま
れた人にかぎられる。選択肢としては三つだが、確率からみれば一割にも達するだろう
か？　という厳しく狭き門だともいえる。

だから、少々のことがあっても会社に居すわろうとする。必死にぶら下がり、そして、　6
しがみつく。

とくに、「消極的理由」の回避のためには、いくつもの策をほどこす。　7

左遷やクビにつながるキッカケには、① 無能力とならび、② 勤務態度の悪さ、③ 仕　8
事での失敗がある。だから、そうならないために、昔からよくこんな言葉が使われる。

――休まず、遅れず、ミスをせず――　9

先の二つは ② の口実をつくらないこと、あとの一つは ③ の防御だ。　10

人は、これを「サラリーマンの "平和三原則"」とも言うそうだ。　11

【出る杭の真実】　12

それに関連して、会社で中年族が好んで使う一つの格言 (?) がある。　13

かの有名な、「出る杭は打たれる」だ。　14

私の大嫌いな言葉である。いや、好き嫌いの問題ではない。それでは、これからの社　15
会は生き抜けないと確信してやまないからだ。

この言葉の意味は、きわめて単純だ。会社の中で目立ったことをしていたらヒドい目　16
に会うぞ、とのいましめだ。そして、「いや、『出る杭は抜かれる』が正しいのだ」など

の会話が、夜の居酒屋で交わされたりもする。

17　聞きながら、「ちょっと、違うんじゃ？」と思うこともあったが、あえて押さえた。

18　私の考えはこうだ。会社員が「杭」ならば、こう言うべきでは？　と思っている。「出る杭は『抜かれる』前に『出て行ける』」「抜かれた杭は自由になれる」──そして、和歌ならば反歌にあたる一言。「出ない杭は腐る」「出ない杭は埋もれる」。そんな杭は、やがて「棄てられる」。

19　これが、今のリストラ旋風の真相ではないか？　と思ったりもしている。

【悔いなき人生に向けて】

21　ふと、考えてみた。なぜ「出る杭は打たれる」という言葉が平気で使われたのか？　この言葉は二つの"見立て"要素で成り立っている。杭＝人間(会社員)、打ち手＝会社の上司であろう。そして、なぜ「出すぎる」と「打たれる」のか？　かつての会社は没個性こそが最大の美徳ともされたからである。まさに、オートメーション(規格商品の大量生産)を基本とした工業社会(七〇年代)の残像でもある。

22　だがこれだけでは、大切なことが抜けている。その「杭」自身が"立つ(埋まっている)場所"だ。つまり"会社という組織"の存在だ。「杭」はそれを建てる土台となる「会社」がなければ杭ではなく、ただの「棒切れ」だという考え方だ。ここには、自由業や起業家などの脱工業社会の今を支える立場の人間への認識は、まるでない。

23　こうした職業で成功するには、「個性」は最大の財産なのだ。

24　会社員にとっては「杭にあらずば人にあらず」だろう。だが、独立・起業家への転身をする身にとっては、「杭を辞めて個性と顔を持った人として生きる」ことこそが大事なのだ。たしかに、杭には個性もなければ顔もない。

25　こう考えてもよいだろうか。「出る杭は打たれる」は、「生涯を一つの組織内で生きるのが普通だった時代」の職場(たとえば官庁・公務員?)だけに通用する"ローカル・ルール"であり、"不換紙幣"に過ぎないということだ。

26　しかも、杭の土台であるべき企業自体が、今、揺らいでいる。いつまでも「杭の立場」に甘んじて土や水の中に浸かっていると、やがては腐って使い物にならなくなる日が来るかも知れない。

27　大地は杭を「利用」はするが、けっして杭の「将来」まで守ってくれない。求められるのは、まさに「杭(悔い)のない人生」を自分で見つけることなのだ。

28　　　　　　　　　　　　　　　(野村正樹『さらば大樹の陰』PHP研究所、1997年)

【サラリーマン「平和三原則」の怪】 1

　会社を辞めるキッカケは、こうも分類できる。本人の意志のある、なしだ。 2

　「本人の意志がある」は、さらに二つに分かれる。積極的理由と消極的理由である。 3
積極的理由とは、結婚退社、家事を継ぐなどと、そしてキャリア・アップのための転職
や独立・起業家への道などがあたる。いずれも、めでたい話だ。

　かたや、消極的理由は、職場への嫌気や、将来への不安などだ。こちらは暗い。「本 4
人の意志がない」場合は、もっと暗くなる。解雇や左遷などで居づらくして退社に追い
込むというパターンである。

　こう考えると、「会社を辞める」という行為のうちで、"ハッピーな退社"は三分の一 5
の可能性でしかないということにもなる。とくに、男性は問題だ。結婚退社(最近では、
女性も減った)は、ほとんどといってない。残るケースも、よほど才能かチャンスに恵ま
れた人にかぎられる。選択肢としては三つだが、確率からみれば一割にも達するだろう
か？　という厳しく狭き門だともいえる。

　だから、少々のことがあっても会社に居すわろうとする。必死にぶら下がり、そし 6
て、しがみつく。

　とくに、「消極的理由」の回避のためには、いくつもの策をほどこす。 7

　左遷やクビにつながるキッカケには、①無能力とならび、②勤務態度の悪さ、③仕 8
事での失敗がある。だから、そうならないために、昔からよくこんな言葉が使われる。

　——休まず、遅れず、ミスをせず—— 9

　先の二つは②の口実をつくらないこと、あとの一つは③の防御だ。 10

　人は、これを「サラリーマンの"平和三原則"」とも言うそうだ。 11

【出る杭の真実】 12

　それに関連して、会社で中年族が好んで使う一つの格言(?)がある。 13

　かの有名な、「出る杭は打たれる」だ。 14

　私の大嫌いな言葉である。いや、好き嫌いの問題ではない。それでは、これからの社 15
会は生き抜けないと確信してやまないからだ。

　この言葉の意味は、きわめて単純だ。会社の中で目立ったことをしていたらヒドい目 16
に会うぞ、とのいましめだ。そして、「いや、『出る杭は抜かれる』が正しいのだ」など
の会話が、夜の居酒屋で交わされたりもする。

　聞きながら、「ちょっと、違うんじゃ？」と思うこともあったが、あえて押さえた。 17

18　私の考えはこうだ。会社員が「杭」ならば、こう言うべきでは？　と思っている。「出る杭は『抜かれる』前に『出て行ける』」「抜かれた杭は自由になれる」——そして、和歌ならば反歌にあたる一言。「出ない杭は腐る」「出ない杭は埋もれる」。そんな杭は、やがて「棄てられる」。

19　これが、今のリストラ旋風の真相ではないか？　と思ったりもしている。

【悔いなき人生に向けて】

21　ふと、考えてみた。なぜ「出る杭は打たれる」という言葉が平気で使われたのか？　この言葉は二つの"見立て"要素で成り立っている。杭＝人間(会社員)、打ち手＝会社の上司であろう。そして、なぜ「出すぎる」と「打たれる」のか？　かつての会社は没個性こそが最大の美徳ともされたからである。まさに、オートメーション(規格商品の大量生産)を基本とした工業社会(七〇年代)の残像でもある。

22　だがこれだけでは、大切なことが抜けている。その「杭」自身が"立つ(埋まっている)場所"だ。つまり"会社という組織"の存在だ。「杭」はそれを建てる土台となる「会社」がなければ杭ではなく、ただの「棒切れ」だという考え方だ。ここには、自由業や起業家などの脱工業社会の今を支える立場の人間への認識は、まるでない。

23　こうした職業で成功するには、「個性」は最大の財産なのだ。

24　会社員にとっては「杭にあらずば人にあらず」だろう。だが、独立・起業家への転身をする身にとっては、「杭を辞めて個性と顔を持った人として生きる」ことこそが大事なのだ。たしかに、杭には個性もなければ顔もない。

25　こう考えてもよいだろうか。「出る杭は打たれる」は、「生涯を一つの組織内で生きるのが普通だった時代」の職場(たとえば官庁・公務員？)だけに通用する"ローカル・ルール"であり、"不換紙幣"に過ぎないということだ。

26　しかも、杭の土台であるべき企業自体が、今、揺らいでいる。いつまでも「杭の立場」に甘んじて土や水の中に浸かっていると、やがては腐って使い物にならなくなる日が来るかも知れない。

27　大地は杭を「利用」はするが、けっして杭の「将来」まで守ってくれない。求められるのは、まさに「杭(悔い)のない人生」を自分で見つけることなのだ。

28　　　　　　　　　　　　　　　　　　　　　　(野村正樹『さらば大樹の陰』PHP研究所、1997年)

■ 話そう・書こう ■　情報を自分のことばで表現しよう

ステップ1　資料からの情報

[1] それぞれの資料の情報を書きながらまとめましょう。

	だれからの情報でしたか	何が分かりましたか	どの部分から分かりましたか
資料—1			
資料—2			
資料—3			
資料—4			
資料—5			
資料—6			

↓

[2] それぞれの資料を関係づけて、このテーマについての情報をまとめましょう。

ステップ 2　　あなたからの情報

[1]　ステップ 1 でまとめた情報の中で、新しい情報はありましたか。

（あった・なかった）

[2]　どれが新しい／新しくない情報でしたか。

[3]　ステップ 1 でまとめた情報は、あなたの国と同じでしたか。

（すべて同じ・違う点もある・まったく違う）

[4]　どの情報からそのように思いましたか。

[5]　次のトピックについてあなたの考えをスピーチや作文で表現してみましょう。
- 私の国のことわざ
- 私の国での会社員の生活
- 日本と私の国での社会人の生活の違い
- 私が理想とする生き方
- その他（　　　　　　　　　　　　）

ステップ 3　　もっと知りたい!

　このテーマについてもっと知るために、どのような情報が必要ですか。参考図書の Aoki and Dore (1994)、伊藤 (1988)、川北・古賀 (2000)、佐高・高村 (2000) などを参考にして調べてみましょう。

日本の外国人

「国際化って？」

国際化、多様化、在日外国人、日系人
こくさいか　　たようか　　ざいにちがいこくじん　　にっけいじん
出稼ぎ、差別、トラブル、雇用
で かせ　　さ べつ　　　　　　　　　 こ よう
外国人子女 教 育、共 生
がいこくじんし じょきょういく　きょうせい

● 知っていることを話そう ●

[1] あなたの国についてまとめましょう。

　1）「外国人（国籍が違う人たち）」はめずらしいですか。
　　　　　こくせき　ちが

　2）「外国人」はどのくらいいますか。

　3）その人たちはどこから来ましたか。

　4）その人たちの目的は何ですか。
　　　　　　　　もくてき

　5）その人たちは、何語で話しますか。

　6）その人たちは、あなたの国のことばができますか。

[2] 日本について知っていますか。

　1）どのような「外国人」がいますか。何人くらいいますか。

　2）その「外国人」はどのような目的で日本にいますか。

[3] 日本ではあなたは「外国人」です。

　1）日本の社会で、どのようなときに自分が「外国人」だと感じますか。
　　　　　しゃかい

　2）あなたの国での「外国人」と日本での「外国人」は何か違うと思いますか。

[4] 次のグラフを見ながら、考えてみましょう。
　　つぎ

A. 外国人登録者総数／我が国の総人口の推移
とうろくしゃそうすう　わ　　　そうじんこう　すい　い

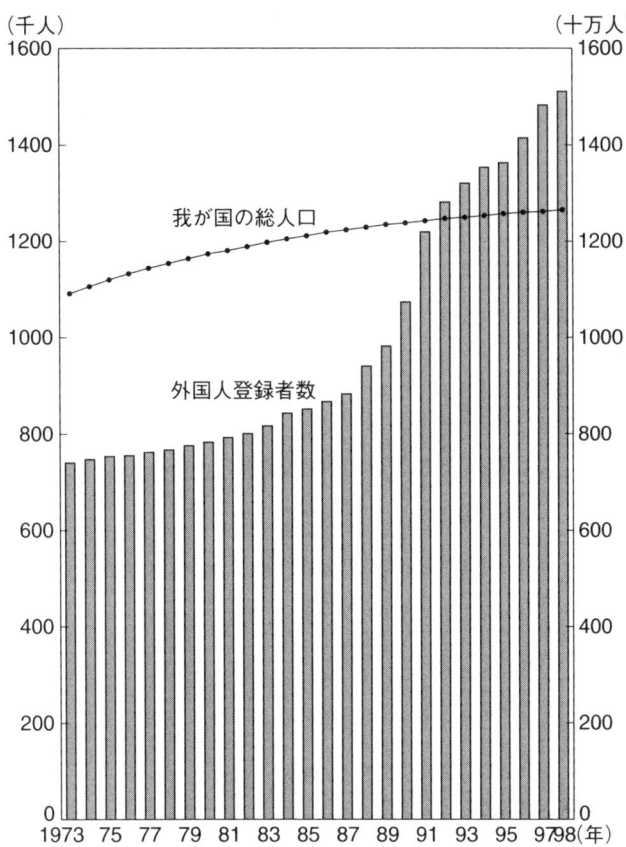

B. 国籍(出身地)別構成比の推移
こくせき しゅっしんち　べつこうせい ひ

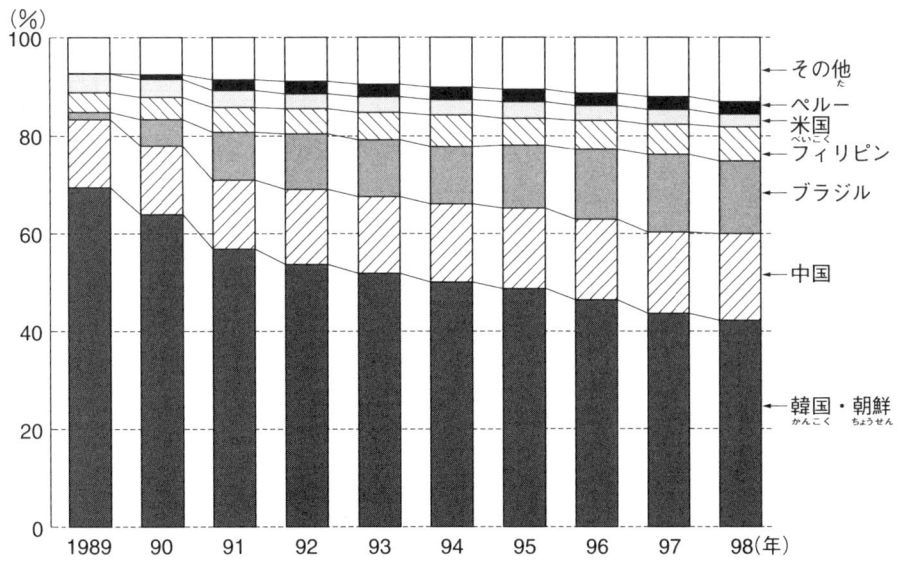

（法務省 入国管理局『在留外国人統計』1999 年より作成）
ほう む しょうにゅうこくかん り きょく　ざいりゅう　　　とうけい　　　　　　さくせい

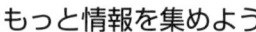

◆ここから考えよう◆　もっと情報を集めよう

次の資料から日本の中の国際化について、いろいろな情報を読みとりましょう。

- 資料—1　在日ブラジル人　脱・出稼ぎ(新聞記事)

- 資料—2　外国人はめずらしい？
    - a. やめて下さい　野生動物扱い(新聞投書)
    - b. 動物扱いはきっと誤解よ(新聞投書)
    - c. 地域の信頼を得るのが大切(新聞投書)

- 資料—3　日本にいる外国人は？（グラフ）

- 資料—4　「隣人」像　描き切れぬ現実
    - a. 彼我の意識に微妙なズレ(新聞記事)
    - b. 負のイメージ、理解の障害　外国人のニーズ考え交流を(新聞記事)

- 資料—5　次世代へ託す　異文化との共生
    - a. アジアの留学生ら　子の視野広げる一助に(新聞記事)
    - b. 世界の仲間と合宿で討論(新聞記事)
    - c. 学生有志　国籍越えた補習授業(新聞記事)

資料—1　在日ブラジル人　脱・出稼ぎ

● 『朝日新聞』1996年10月19日付夕刊（づけゆうかん）

在日ブラジル人 脱・出稼ぎ

「外国人密度日本一」群馬・大泉町にみる

技術身につけ商売や新事業

日本に住んでいる外国人で、この十年間に百倍近くに増えた人たちがいます。日系がほとんどを占める十八万人のブラジル人です。単純労働で稼いで帰っていく人にまじり、母国で通用する技術を身につけようという人が増えてきました。日本で商売を始めたり、永住を決意したりする人も出ています。外国人労働者の「脱・出稼ぎ」の動きを、日系ブラジル人の街・群馬県大泉町で追いました。

（田畑 智洋）

「SEJA BEM VINDO（いらっしゃいませ）」を掲げる食料品店や飲食店、貸しビデオ屋など十七店舗が、赤い看板を目印に賑わう。うち十五店の店主が日系ブラジル人だった。

今年四月、大泉町の中心部にオープンしたブラジリアンプラザだ。ポルトガル語の看板が並ぶ。市場は、出稼ぎ労働者の一部を経営者に変えた。

今年六月、大泉町に住む外国人はついに町民四万二千四百人の一割を超えた。外国人の密度が日本一高い町である。

町内で三洋電機と富士重工業の主力工場を抱え、商社の下請け企業群が外国人労働者を吸収し続けてきた。今年九月末現在、町の外国人登録者数は四千四百人。ブラジル国籍を持つ人は三千二百八十五人。出入国管理法の改正により、一九九〇年から日系二、三世や三世の人の就労について制限がなくなった。外国人の密度が日本一高い町である。

「ブラジリアンプラザ」にある、ブラジル食品専門店「キタンジーニャ」。週末にはレジの前に列ができる＝群馬県大泉町で

ブラジリアンプラザで一番にぎわっている食品店「キタンジーニャ」の経営者、新垣修さん（四〇）も日系人。「週末にはいつもこんな感じです」と話す。週末のプラザには、県外からを含め約二千人が訪れる。

「日系人の来日の動機は、お金一本やりから、お金も技術も前向きになってきた」と話すのは大河内恵喜ロベルトさん（三〇）。サンパウロ大学

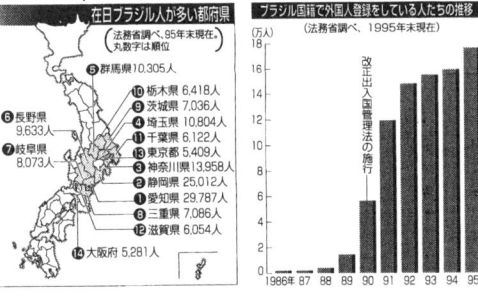

ブラジル国籍で外国人登録をしている人たちの推移
（法務省調べ、1995年末現在）

（万人）　改正出入国管理法の施行
1986年 87 88 89 90 91 92 93 94 95

フリガナなし

1　日本に住んでいる外国人で、この10年間に百倍近くに増えた人たちがいます。日系が
　　ほとんどを占める18万人のブラジル人です。単純労働で稼いで帰っていく人にまじり、
　　母国で通用する技術を身につけようという人が増えてきました。日本で商売を始めたり、

138

永住を決意したりする人も出ています。外国人労働者の「脱・出稼ぎ」の動きを、日系ブラジル人の街、群馬県大泉町で追いました。

【「外国人密度日本一」群馬・大泉町にみる】
2

「SEJA BEM VINDO いらっしゃいませ」。大きな赤い看板を目印に階段を上ると、そこはブラジルだった。今年4月、大泉町の中心部にオープンしたブラジリアンプラザだ。ポルトガル語の看板を掲げる食料品店や飲食店、貸しビデオ屋など17店舗が並ぶ。うち15店の店主が日系ブラジル人だ。この町で膨らみ続けるブラジル人向けの市場は、出稼ぎ労働者の一部を経営者に変えた。

今年6月、大泉町に住む外国人はついに町民4万2047人の1割を超えた。外国人の密度が日本一高い町である。町内に三洋電機と富士重工業の主力工場を抱え、両者の下請け企業群が外国人労働者を吸収し続けた。今年9月末現在、町の外国人登録者数は4408人。ブラジル国籍を持つ人は3385人だ。出入国管理法の改正により、1990年から日系二世や三世の人の就労については制限がなくなった。

ブラジリアンプラザで一番にぎわっている食品店「キタンジーニャ」の経営者、新垣修さん(30)も日系人。「週末はいつもこんな感じです」と話す。週末のプラザには、県外からを含め約2000人が訪れる。

「日系人の来日の動機は、お金一本やりから、お金も技術もと前向きになってきた」と話すのは大河内忠喜ロベルトさん(30)。サンパウロ大学を卒業して来日、東京の横河電機の本社工場で5年間働いた。かせいだお金で2ヵ月前、大泉町内にパソコン店を開いた。日系ブラジル人に高まっているパソコン熱を感じての「脱サラ」である。

ブラジリアンプラザで母国のパソコン雑誌を買っていた森モリヨシさん(32)は7年前に来日、埼玉県本庄市で電機部品の組み立て作業員をしている。毎週末、森さんはマイカーで大泉町のパソコン教室に通う。プラザから徒歩1分の「PRO SYSTEM」だ。経営者はこれまた日系二世の笠原いずみさん(30)。1年前から、日系人向けにポルトガル語のパソコン教室を開いている。これまで200人の日系人が学び、11月からの新しいコースも、定員の114人に達して締め切った。

千葉から教室に通う徳永アルベルト良雄さん(25)は7年前に来日、壁紙工場で働いている。「来年末には帰国し、小さな事業でもおこしたいので、せめてパソコンくらいは」と動機を語った。

ひと昔前まで、在日外国人といえば、韓国・朝鮮系の人たちだった。86年当時、在日外国人の8割近くあった韓国・朝鮮人の比率は、95年に5割を切った。残りは急増したブラジル人、中国人、フィリピン人などだ。

10　　10月から放送を始めたデジタル衛星放送のパーフェクTV。70もあるチャンネルの中には、ポルトガル語や中国語の放送がある。

11　　在日ブラジル人、ペルー人向けに番組を制作している「アイ・ピー・シー　テレビジョン　ネットワーク」(本社・東京)の社長、村永義雄さん(55)自身、89年末に32年間住んだブラジルから戻った一世だ。

12　　1日18時間の放送で、受信料は月4000円。しかし、母国の放送を毎日見られる魅力は大きく、すでに4000件の受信契約がある。向こう3年間で5万件の契約が目標だ。

13　　5年前、村永さんが日系ブラジル人向けに創刊したポルトガル語の週刊誌「インターナショナル　プレス」は、すでに5万5000部の発行部数を誇る。村永さんは「出稼ぎに来た日系人にも、教養や娯楽に金をかける余裕がでてきた。はじめは2年程度だった滞在期間も延びる傾向にあり、最近では10年単位で考える人が多くなった。日系人向けビジネス市場の成長力は大きい」と話す。

14　　　　　　　　　　　　　　　　　　　　　　　　　　（『朝日新聞』1996年10月19日付夕刊）

（フリガナつき）

1　　日本に住んでいる外国人で、この10年間に100倍近くに増えた人たちがいます。日系がほとんどを占める18万人のブラジル人です。単純労働で稼いで帰っていく人にまじり、母国で通用する技術を身につけようという人が増えてきました。日本で商売を始めたり、永住を決意したりする人も出ています。外国人労働者の「脱・出稼ぎ」の動きを、日系ブラジル人の街、群馬県大泉町で追いました。

2　【「外国人密度日本一」群馬・大泉町にみる】

3　　「SEJA BEM VINDO いらっしゃいませ」。大きな赤い看板を目印に階段を上ると、そこはブラジルだった。今年4月、大泉町の中心部にオープンしたブラジリアンプラザだ。ポルトガル語の看板を掲げる食料品店や飲食店、貸しビデオ屋など17店舗が並ぶ。うち15店の店主が日系ブラジル人だ。この町で膨らみ続けるブラジル人向けの市場は、出稼ぎ労働者の一部を経営者に変えた。

4　　今年6月、大泉町に住む外国人はついに町民4万2047人の1割を超えた。外国人の密度が日本一高い町である。町内に三洋電機と富士重工業の主力工場を抱え、両者の下請け企業群が外国人労働者を吸収し続けた。今年9月末現在、町の外国人登録者数は4408人。ブラジル国籍を持つ人は3385人だ。出入国管理法の改正により、1990年から日系二世や三世の人の就労については制限がなくなった。

ブラジリアンプラザで一番にぎわっている食品店「キタンジーニャ」の経営者、新垣修さん(30)も日系人。「週末はいつもこんな感じです」と話す。週末のプラザには、県外からを含め約2000人が訪れる。 5

「日系人の来日の動機は、お金一本やりから、お金も技術もと前向きになってきた」と話すのは大河内忠喜ロベルトさん(30)。サンパウロ大学を卒業して来日、東京の横河電機の本社工場で5年間働いた。かせいだお金で2ヵ月前、大泉町内にパソコン店を開いた。日系ブラジル人に高まっているパソコン熱を感じての「脱サラ」である。 6

ブラジリアンプラザで母国のパソコン雑誌を買っていた森モリヨシさん(32)は7年前に来日、埼玉県本庄市で電機部品の組み立て作業員をしている。毎週末、森さんはマイカーで大泉町のパソコン教室に通う。プラザから徒歩1分の「PRO SYSTEM」だ。経営者はこれまた日系二世の笠原いずみさん(30)。1年前から、日系人向けにポルトガル語のパソコン教室を開いている。これまで200人の日系人が学び、11月からの新しいコースも、定員の114人に達して締め切った。 7

千葉から教室に通う徳永アルベルト良雄さん(25)は7年前に来日、壁紙工場で働いている。「来年末には帰国し、小さな事業でもおこしたいので、せめてパソコンくらいは」と動機を語った。 8

ひと昔前まで、在日外国人といえば、韓国・朝鮮系の人たちだった。86年当時、在日外国人の8割近くあった韓国・朝鮮人の比率は、95年に5割を切った。残りは急増したブラジル人、中国人、フィリピン人などだ。 9

10月から放送を始めたデジタル衛星放送のパーフェクTV。70もあるチャンネルの中には、ポルトガル語や中国語の放送がある。 10

在日ブラジル人、ペルー人向けに番組を制作している「アイ・ピー・シー　テレビジョン　ネットワーク」(本社・東京)の社長、村永義雄さん(55)自身、89年末に32年間住んだブラジルから戻った一世だ。 11

1日18時間の放送で、受信料は月4000円。しかし、母国の放送を毎日見られる魅力は大きく、すでに4000件の受信契約がある。向こう3年間で5万件の契約が目標だ。 12

5年前、村永さんが日系ブラジル人向けに創刊したポルトガル語の週刊誌「インターナショナル　プレス」は、すでに5万5000部の発行部数を誇る。村永さんは「出稼ぎに来た日系人にも、教養や娯楽に金をかける余裕がでてきた。はじめは2年程度だった滞在期間も延びる傾向にあり、最近では10年単位で考える人が多くなった。日系人向けビジネス市場の成長力は大きい」と話す。 13

（『朝日新聞』1996年10月19日付夕刊） 14

資料―2　外国人はめずらしい？

（フリガナなし）

1 ## a. やめて下さい　野生動物扱い

2　熊本で生活して1年以上が過ぎ、ようやく日本の人たちから、しげしげと見つめられたり、くすくす笑われたりするのに慣れました。でも、このことでは彼らを非難できません。長い金髪が黒髪の集団に溶け込むことは無理な話ですから。

3　ただし、注目されることと、変に利用されることとは別問題です。この前の週末には、日本に住む欧米人にとって典型的な出来事を経験しました。

4　私と3人の友人は滝の中で水泳を楽しみ、そこから移動しようとした時のことでした。若い日本人のグループがやってきました。1人の男性が私に追い付き、私の後ろに立って、2本の指でサインをしてポーズを取りました。カメラを持った女性が「いいですか」と言いましたが、返事も待たずに写真を撮りました。

5　私には2つの選択がありました。断って、何が問題かを彼らに考えさせること。あるいは黙って、そのままにしてしまうかです。

6　私は森の中のシカか、人々が写真を撮るだけの価値がある貴重な野生動物なのでしょうか。

7　これはよく起こることなのです。いつも人というより、物のように扱われる時、どうしたら私たちは理解しあえるのでしょうか。　　　（アメリカ　英語指導助手・女性）

8　　　　　　　　　　　　　　　　　　　　（『朝日新聞』1996年11月16日付朝刊）

1 ## b. 動物扱いはきっと誤解よ

2　16日の「やめて下さい　野生動物扱い」のJさん、週末を滝で過ごし、そこで出会った若い日本人グループに、あたかも動物を扱うようなやり方で記念写真を撮られたとか。日本に住む欧米人は、写真を撮るだけの価値ある貴重な野生動物扱いしかされないのか、と疑問を呈したものだった。

3　ところで、日本人グループに好意的な見方をすれば、Jさんが映画女優のように美しく見え、悪いことには外国人と接する機会の少ない彼らがJさんと意思の疎通がはかれるとは思いつきもしなかったのだろう。その場で名前を名乗るなど、わずかでも会話があったなら、野生動物扱いと誤解されることもなかったろうに、と思う。

　私の町でも、英語指導助手とおぼしき人たちを見かけるが、人の性格や考え方は千差万別、英会話の相手に利用されているだけと嫌がられはしないか、話しかける前に一度はためらう。 4

　Jさん、率直な気持ちを授業で話してはどうですか。日本人同士でさえ理解しあうのはしばしば困難ですが、気持ちを伝えることは、必ずや理解しあう一歩になると思います。 5

（主婦　43歳）

（『朝日新聞』1996年11月24日付朝刊） 6

c. 地域の信頼を得るのが大切 1

　10年以上も日本に住んでいますが、私を受け入れてくれたこの国に、小さなことでもいいから恩返しをしようと思い、地元の消防分団に加わろうと決意しました。 2

　銭湯で知り合った分団員に勧められたのがきっかけで、何度も面接試験を受けた後、ついに分団員になることが認められました。国籍に関係なく、私が一生懸命活動し、地域に尽くすと期待してくれたのでしょう。 3

　分団員になることを希望する日本人と同じ手続きを経ての決定だけに、大変、感激しました。 4

　分団は市消防本部に私の加入を申請したところ、外国人は分団員になれないという規則があることが分かりました。日本語を上手にしゃべれないとか、すぐに帰国してしまうことなども懸念されたようです。 5

　しかし、危険でない仕事なら分団の活動に参加できることになりました。 6

　自治体での外国人採用が話題になっていますが、外国人としては何よりも、採用された自治体に貢献する前に、地域社会の一員としての信頼を得ることがまず大切なことかも知れません。これなくしては、どんな仕事も満足にはこなせないはずです。 7

　地方の市町村ですぐに外国人の採用に踏み切ることはそう簡単にはいかないでしょうから、政府が市町村に混乱が生じないように、具体的な採用方法を示すことも必要でしょう。 8

（アメリカ　会社員・男性）

（『朝日新聞』1997年2月15日付朝刊） 9

フリガナつき

1 **a. やめて下さい　野生動物扱い**

2　熊本で生活して1年以上が過ぎ、ようやく日本の人たちから、しげしげと見つめられたり、くすくす笑われたりするのに慣れました。でも、このことでは彼らを非難できません。長い金髪が黒髪の集団に溶け込むことは無理な話ですから。

3　ただし、注目されることと、変に利用されることとは別問題です。この前の週末には、日本に住む欧米人にとって典型的な出来事を経験しました。

4　私と3人の友人は滝の中で水泳を楽しみ、そこから移動しようとした時のことでした。若い日本人のグループがやってきました。1人の男性が私に追い付き、私の後ろに立って、2本の指でサインをしてポーズを取りました。カメラを持った女性が「いいですか」と言いましたが、返事も待たずに写真を撮りました。

5　私には2つの選択がありました。断って、何が問題かを彼らに考えさせること。あるいは黙って、そのままにしてしまうかです。

6　私は森の中のシカか、人々が写真を撮るだけの価値がある貴重な野生動物なのでしょうか。

7　これはよく起こることなのです。いつも人というより、物のように扱われる時、どうしたら私たちは理解しあえるのでしょうか。　　　　　（アメリカ　英語指導助手・女性）

8　　　　　　　　　　　　　　　　　　　　　（『朝日新聞』1996年11月16日付朝刊）

1 **b. 動物扱いはきっと誤解よ**

2　16日の「やめて下さい野生動物扱い」のJさん、週末を滝で過ごし、そこで出会った若い日本人グループに、あたかも動物を扱うようなやり方で記念写真を撮られたとか。日本に住む欧米人は、写真を撮るだけの価値ある貴重な野生動物扱いしかされないのか、と疑問を呈したものだった。

3　ところで、日本人グループに好意的な見方をすれば、Jさんが映画女優のように美しく見え、悪いことには外国人と接する機会の少ない彼らがJさんと意思の疎通がはかれるとは思いつきもしなかったのだろう。その場で名前を名乗るなど、わずかでも会話があったなら、野生動物扱いと誤解されることもなかったろうに、と思う。

4　私の町でも、英語指導助手とおぼしき人たちを見かけるが、人の性格や考え方は千差万別、英会話の相手に利用されているだけと嫌がられはしないか、話しかける前に一

度はためらう。

　Jさん、率直な気持ちを授業で話してはどうですか。日本人同士でさえ理解しあうのはしばしば困難ですが、気持ちを伝えることは、必ずや理解しあう一歩になると思います。

(主婦　43歳)

(『朝日新聞』1996年11月24日付朝刊)

c. 地域の信頼を得るのが大切

　10年以上も日本に住んでいますが、私を受け入れてくれたこの国に、小さなことでもいいから恩返しをしようと思い、地元の消防分団に加わろうと決意しました。

　銭湯で知り合った分団員に勧められたのがきっかけで、何度も面接試験を受けた後、ついに分団員になることが認められました。国籍に関係なく、私が一生懸命活動し、地域に尽くすと期待してくれたのでしょう。

　分団員になることを希望する日本人と同じ手続きを経ての決定だけに、大変、感激しました。

　分団は市消防本部に私の加入を申請したところ、外国人は分団員になれないという規則があることが分かりました。日本語を上手にしゃべれないとか、すぐに帰国してしまうことなども懸念されたようです。

　しかし、危険でない仕事なら分団の活動に参加できることになりました。

　自治体での外国人採用が話題になっていますが、外国人としては何よりも、採用された自治体に貢献する前に、地域社会の一員としての信頼を得ることがまず大切なことかも知れません。これなくしては、どんな仕事も満足にはこなせないはずです。

　地方の市町村ですぐに外国人の採用に踏み切ることはそう簡単にはいかないでしょうから、政府が市町村に混乱が生じないように、具体的な採用方法を示すことも必要でしょう。

(アメリカ　会社員・男性)

(『朝日新聞』1997年2月15日付朝刊)

資料—3　日本にいる外国人は？

1 【意識 調 査から見える日本社会の国際化は？】

2 ［調査1］

日本人の意識：東京都民の生活意識と生活行動等調査

実施者：東京都

実施期間：1996年11月

対象：東京都在住の20歳以上の男女4000人（有効回答2977人）

（東京都生活文化局 編・発行『都民の生活意識と生活行動等調査』1997年）

3 ［調査2］

外国人の意識：豊島区の国際化に関する行政需要調査

実施者：豊島区

実施期間：1993年11月

対象：豊島区の外国人登録者、在留期間が5年未満の外国人1000人（有効回答364人）

（東京都豊島区企画部『豊島区の国際化に関する行政需要調査』1994年）

1. 日本人が「くらしの国際化」からイメージすること

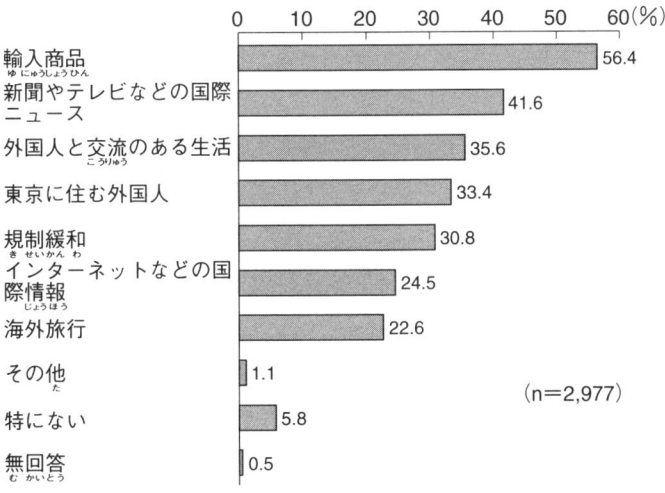

（［調査1］より作成）

146

146

146

2. 外国人が抱えている問題

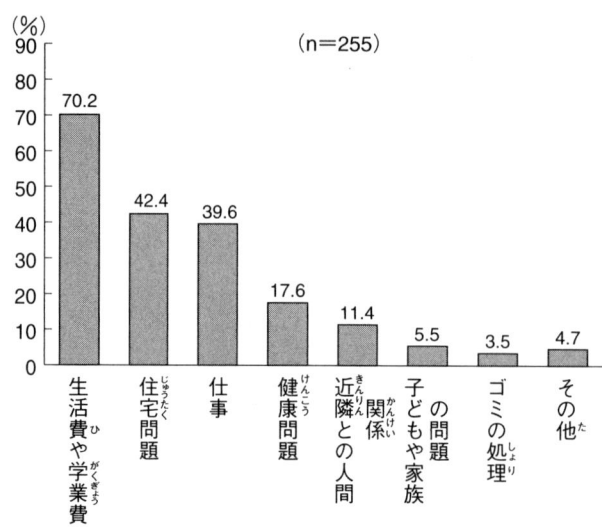

(n＝255)

(（[調査2]より作成)

3. 外国人が抱えている問題を日本人は知っているか

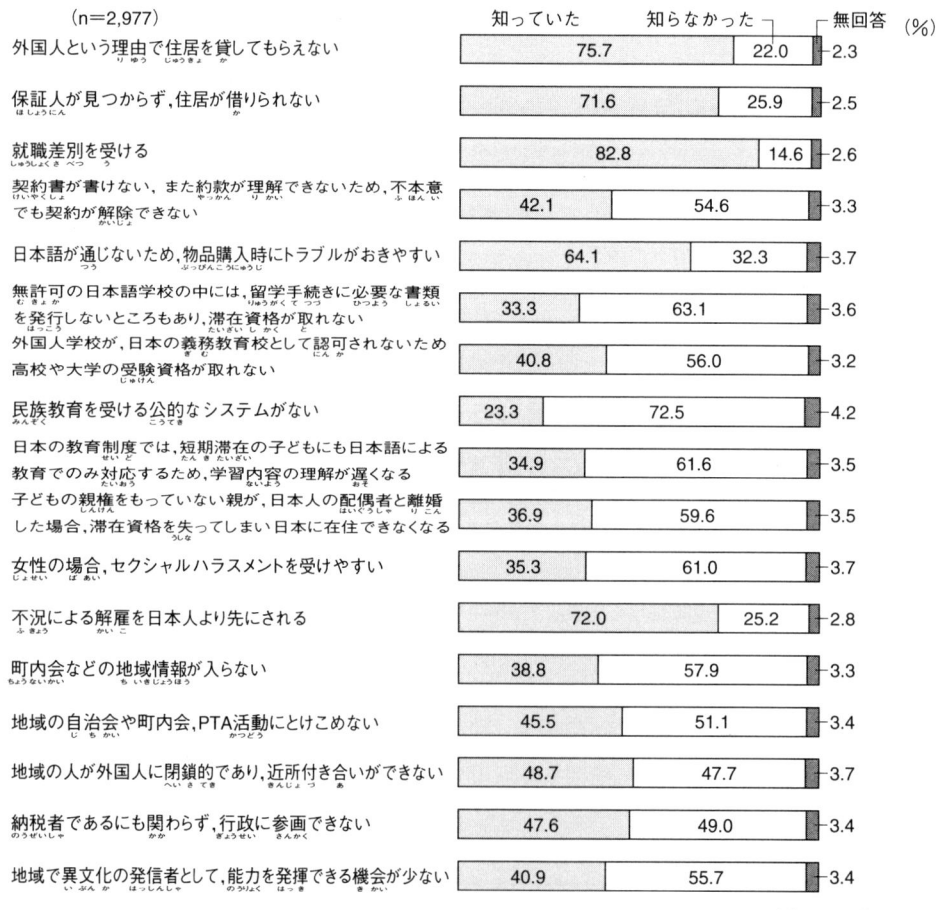

(n＝2,977)

	知っていた	知らなかった	無回答 (%)
外国人という理由で住居を貸してもらえない	75.7	22.0	2.3
保証人が見つからず，住居が借りられない	71.6	25.9	2.5
就職差別を受ける	82.8	14.6	2.6
契約書が書けない，また約款が理解できないため，不本意でも契約が解除できない	42.1	54.6	3.3
日本語が通じないため，物品購入時にトラブルがおきやすい	64.1	32.3	3.7
無許可の日本語学校の中には，留学手続きに必要な書類を発行しないところもあり，滞在資格が取れない	33.3	63.1	3.6
外国人学校が，日本の義務教育校として認可されないため高校や大学の受験資格が取れない	40.8	56.0	3.2
民族教育を受ける公的なシステムがない	23.3	72.5	4.2
日本の教育制度では，短期滞在の子どもにも日本語による教育でのみ対応するため，学習内容の理解が遅くなる	34.9	61.6	3.5
子どもの親権をもっていない親が，日本人の配偶者と離婚した場合，滞在資格を失ってしまい日本に在住できなくなる	36.9	59.6	3.5
女性の場合，セクシャルハラスメントを受けやすい	35.3	61.0	3.7
不況による解雇を日本人より先にされる	72.0	25.2	2.8
町内会などの地域情報が入らない	38.8	57.9	3.3
地域の自治会や町内会，PTA活動にとけこめない	45.5	51.1	3.4
地域の人が外国人に閉鎖的であり，近所付き合いができない	48.7	47.7	3.7
納税者であるにも関わらず，行政に参画できない	47.6	49.0	3.4
地域で異文化の発信者として，能力を発揮できる機会が少ない	40.9	55.7	3.4

(（[調査1]より作成)

4. 外国人の相談相手
そうだんあい て

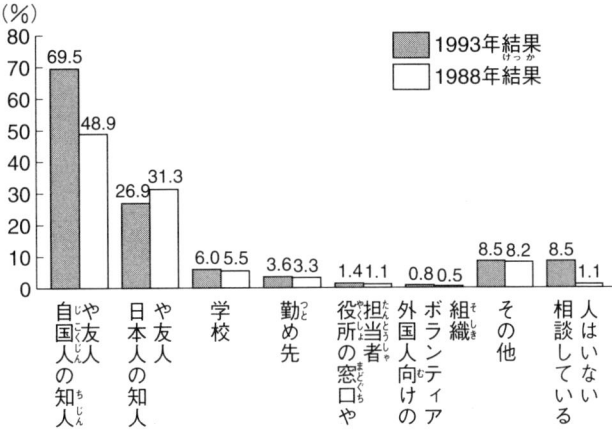

（[調査2]より作成）

5. 日本人の国際交流・国際支援などへの参加
こうりゅう　　　し えん　　　　　さん か

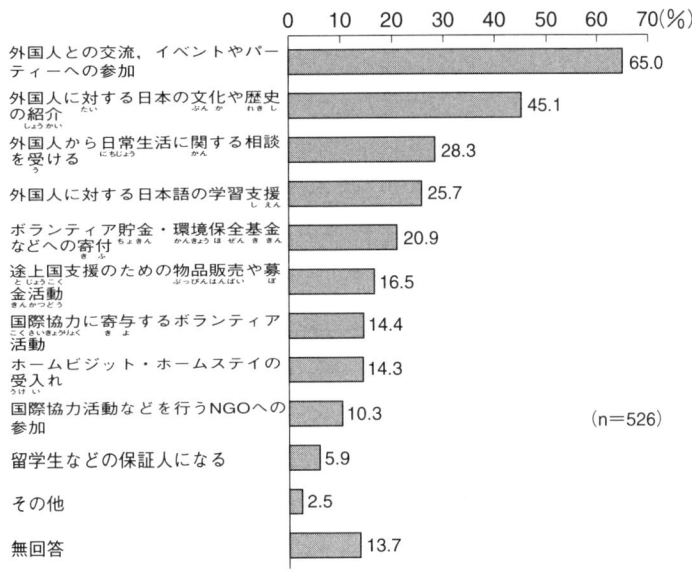

（[調査1]より作成）

資料—4　「隣人」像　描き切れぬ現実

●『朝日新聞』1999年11月9日付朝刊（「a. 彼我の意識に微妙なズレ」）
づけちょうかん　ひが　いしき　びみょう

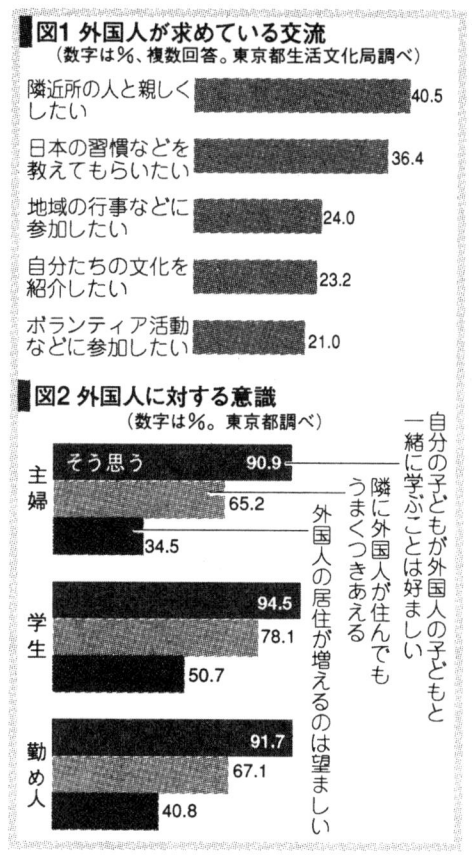

■図1 外国人が求めている交流
（数字は％、複数回答。東京都生活文化局調べ）

隣近所の人と親しくしたい　40.5
日本の習慣などを教えてもらいたい　36.4
地域の行事などに参加したい　24.0
自分たちの文化を紹介したい　23.2
ボランティア活動などに参加したい　21.0

■図2 外国人に対する意識
（数字は％。東京都調べ）

主婦　そう思う　90.9　65.2　34.5
学生　94.5　78.1　50.7
勤め人　91.7　67.1　40.8

自分の子どもが外国人の子どもと一緒に学ぶことは好ましい
隣に外国人が住んでもうまくつきあえる
外国人の居住が増えるのは望ましい

フリガナなし

a. 彼我の意識に微妙なズレ　　1

　同じ地域に住む日本人と外国人。実際には互いにどう思っているのか。　　2

　1997年3月の東京都在住外国人生活実態調査では、調査対象の85％の外国人が「地　　3
域住民との何らかの交流を求めている」ことがわかった。「どのような交流をしたいと思
うか」という答えは、「隣近所の人と親しくしたい」や「日本の習慣などを教えてもらい
たい」などという声が強かった＝図1。

　これに対し、96年7月にやはり都が実施した「21世紀の東京づくりに関する世論調　　4
査」は、外国人に対する都民の意識を調べている。ここでは「自分の子どもが外国人の

子どもと一緒に学ぶことは好ましい」という問いに、ほぼ9割が「そう思う」。ところが、「隣に外国人が住むようになってもうまくつきあえる」「外国人の居住が増えることは望ましいか」と聞くと、肯定的な意見が次第に減っており、外国人への「微妙な意識」が浮き彫りになった＝図2。

5　この結果について「外国人との共生」（日本図書刊行会）の著者で練馬区議の横山晴夫さんは「外国人の同級生がいれば外国語を学べる。でも生活レベルでは習慣の違いもあってちょっとうっとうしい。そんな気持ちの表れでは」と見る。

6　留学生、在日外国人の居住地域では、ゴミ出し、パーティーの騒音など生活レベルでの地域住民との摩擦も時に話題になる。

7　「郷に入っては郷に従え、とはいいますが、従えない彼らなりの生活スタイルもある。例えばパーティー。彼らには新しい人を知るための日常生活の一部なんです」と横山さん。

8　「確かに文化の違いはわずらわしい。でも接触を求める外国人が現にいるのですから、こちらの文化ばかり押しつけるのはどうでしょう。彼らからも学べば、生活が豊かになるかもしれないのです」

9　　　　　　　　　　　　　　　　　　　　　　　　（『朝日新聞』1999年11月9日付朝刊）

b. 負のイメージ、理解の障害　外国人のニーズ考え交流を

2　異文化理解を深め、生活の中に外国人を受け入れていくには何が必要か。在日外国人問題に詳しい山脇啓造・明治大学商学部助教授に聞いた。

＊

3　日本にとっての「外国人問題」とは、1970年代までは在日コリアン中心だったのが、80年代中ごろには出稼ぎの東南アジアの女性、80年代後半以降はアジアや南米の男性労働者の問題、と多様化しています。

4　一方、犯罪などとの関連で、外国人、特に超過滞在の人に悪いイメージがこの10年で出来つつあります。しかし、合法滞在の外国人が自分たちのコミュニティーをつくって日本人との交流をしなかったり、逆に超過滞在の人が仕事の必要から日本社会にとけ込んでいたりするケースもあるのです。ネガティブなイメージを一方的に持つのは、日本が多文化社会を築いていく上で大きな障害です。

5　異文化理解の教育は、実践的課題にこたえる段階にあります。その教育は、学校、職場、地域とそれぞれの「現場」に応じ、子どもにも大人にも必要です。

6　大事なのは、「心の国際化」です。それには草の根レベルで外国人と交流を持つ機会を

150

つくっていくしかないと思います。各地の自治体が積極的に市民活動を支援することが大事でしょう。外国人との交流もパーティーやお祭りだけでなく、日本語教室を開くなど外国人の日常のニーズにこたえるほうが交流が進むのではないでしょうか。

（『朝日新聞』1999 年 11 月 9 日付朝刊）　7

フリガナつき

a. 彼我の意識に微妙なズレ　1

　同じ地域に住む日本人と外国人。実際には互いにどう思っているのか。　2

　1997 年 3 月の東京都在住外国人生活実態調査では、調査対象の 85% の外国人が　3
「地域住民との何らかの交流を求めている」ことがわかった。「どのような交流をしたいと思うか」という答えは、「隣近所の人と親しくしたい」や「日本の習慣などを教えてもらいたい」などという声が強かった＝図 1。

　これに対し、96 年 7 月にやはり都が実施した「21 世紀の東京づくりに関する世論調査」は、外国人に対する都民の意識を調べている。ここでは「自分の子どもが外国人の　4
子どもと一緒に学ぶことは好ましい」という問いに、ほぼ 9 割が「そう思う」。ところが、「隣に外国人が住むようになってもうまくつきあえる」「外国人の居住が増えることは望ましいか」と聞くと、肯定的な意見が次第に減っており、外国人への「微妙な意識」が浮き彫りになった＝図 2。

　この結果について「外国人との共生」（日本図書刊行会）の著者で練馬区議の横山晴夫　5
さんは「外国人の同級生がいれば外国語を学べる。でも生活レベルでは習慣の違いもあってちょっとうっとうしい。そんな気持ちの表れでは」と見る。

　留学生、在日外国人の居住地域では、ゴミ出し、パーティーの騒音など生活レベル　6
での地域住民との摩擦も時に話題になる。

　「郷に入っては郷に従え、とはいいますが、従えない彼らなりの生活スタイルもある。　7
例えばパーティー。彼らには新しい人を知るための日常生活の一部なんです」と横山さん。

　「確かに文化の違いはわずらわしい。でも接触を求める外国人が現にいるのですから、　8
こちらの文化ばかり押しつけるのはどうでしょう。彼らからも学べば、生活が豊かになるかもしれないのです」

（『朝日新聞』1999 年 11 月 9 日付朝刊）　9

1 **b. 負のイメージ、理解の障害　外国人のニーズ考え交流を**

2　異文化理解を深め、生活の中に外国人を受け入れていくには何が必要か。在日外国人問題に詳しい山脇啓造・明治大学商学部助教授に聞いた。

*

3　日本にとっての「外国人問題」とは、1970年代までは在日コリアン中心だったのが、80年代中ごろには出稼ぎの東南アジアの女性、80年代後半以降はアジアや南米の男性労働者の問題、と多様化しています。

4　一方、犯罪などとの関連で、外国人、特に超過滞在の人に悪いイメージがこの10年で出来つつあります。しかし、合法滞在の外国人が自分たちのコミュニティーをつくって日本人との交流をしなかったり、逆に超過滞在の人が仕事の必要から日本社会にとけ込んでいたりするケースもあるのです。ネガティブなイメージを一方的に持つのは、日本が多文化社会を築いていく上で大きな障害です。

5　異文化理解の教育は、実践的課題にこたえる段階にあります。その教育は、学校、職場、地域とそれぞれの「現場」に応じ、子どもにも大人にも必要です。

6　大事なのは、「心の国際化」です。それには草の根レベルで外国人と交流を持つ機会をつくっていくしかないと思います。各地の自治体が積極的に市民活動を支援することが大事でしょう。外国人との交流もパーティーやお祭りだけでなく、日本語教室を開くなど外国人の日常のニーズにこたえるほうが交流が進むのではないでしょうか。

7
（『朝日新聞』1999年11月9日付朝刊）

資料—5　次世代へ託す　異文化との共生

●『朝日新聞』1999年11月19日付朝刊

次世代へ託す　異文化との共生

広がる「外国人」理解の試み

アジアの留学生ら　子の視野　広げる一助に

（西　正之）

世界の仲間と合宿で討論

学生有志　寺子屋式で　国籍越えた補習授業

何が同じで、何が違うか。留学生を交えて互いの文化について語り合った＝千葉県勝浦市で

「学校だけでは不安なので」。大学生のお姉さんの個人指導を受ける日系ペルー人の少女（左）＝東京都八王子市で

フリガナなし

　地域、職場、学校……在日外国人の存在は、この10年ほどでごく当たり前になってきた。しかし、外国人が暮らしやすいとは言いがたい状況もある。異なる生活習慣や考え方への理解を広めるには、次の世代の子どもたちに働きかけることが大切だ。民間団体や自治体、学校でさまざまな試みがはじまっている。28万人の外国人が登録している「国際都市・東京」で共に暮す21世紀のための手がかりを探した。

1 a. アジアの留学生ら　子の視野広げる一助に

2 暗がりの中のスクリーンに、密林を表現した緑鮮やかな影絵が浮かんだ。ガムランの音が流れる。インドネシア人留学生ヘリー・フドラシャさん(40)が物語の語り部役だ。

3 「きょうはね、インドネシアのね。えーと、おばけの話を、しようかなと思うんだ」

4 流ちょうとはいえないヘリーさんの日本語に、客席の大人からくすっと笑いがもれた。だが、子どもたちは、みなヘリーさんをじっと見つめていた。7日、東京・渋谷にある「こどもの城」の100人ほどが入れる小さなホールは、小学校にあがる前の子どもたちとお父さん、お母さんでいっぱいだった。

5 留学生宿舎「アジア文化会館」(東京都文京区)に出入りする留学生や日本の学生たちは、数年前からアジア文化をテーマにした舞台を共同製作している。資金は寄付などでまかなう。今回は12人のメンバーがインドネシアの民話をもとに影絵劇に挑んだ。

6 同会館職員で製作指揮の黒澤眞爾さん(38)は「各地で上演し、異文化理解のための社会的な意味を持ちたい」と話す。

7 12月には東京都北区のPTAグループの招きでも上演する。「学校にも外国人の子どもが増えている。異文化を考える機会にしたい」というのがPTA側の意向だ。

8 観客だけでなく、製作スタッフにとっても劇づくりは異文化との出あいだ。今回の主役でマレーシアからの女子留学生、王愛明さん(30)は、5年前からこの活動に参加している。「最初のころは大変だったよ」

9 メンバーの出身国や母国語はばらばら。感情表現の仕方ひとつとっても違う。練習中、韓国人男性と怒鳴りあったりもした。「やっぱりある程度我慢は必要」。この数年の経験から学んだことだ。

10 日系ペルー人の池田セサルさん(58)はメンバー最年長。10年前に来日し自動車工場で車の部品をつくっていた。「ロボットみたいな仕事」。周りは南米から来た仲間ばかりで「日本語話さなかった」。突然の解雇を経験し、今は別の仕事を見つけた。昨年の舞台を見て参加した。

11 「日本に外国人多くなって、日本の子どもの世界広がる。大人になって外国人といいコミュニケーションしてくれたら。そういうメッセージ、伝わればうれしいよ」

12 こどもの城での公演は立ち見まで出た。終わると、子どもたちがかけよってきた。セサルさんは顔をくしゃくしゃにして小さな手を順番に握りしめた。

b. 世界の仲間と合宿で討論

異文化理解は、21世紀の学校教育でもキーワードの一つになりそうだ。東京都渋谷区の関東国際高校は、2年前から「世界教室」というユニークな取り組みを始めた。

3回目の今年は20の国と地域から約90人を招き、10月下旬から12日間、学校の研修施設などで合宿し、ディスカッションなどをした。同校教諭の黒羽融さんは「生徒たちがになう次の世紀は、国や人種の壁を乗り越え一つにならなくてはいけない時代。そのためには、今から互いの違いや共通点を理解することです」と説明する。

2002年(一部03年)実施の新教育課程では、小学3年生から高校生まで「総合的な学習の時間」が設置され、内容の中に「国際理解」がある。教育課程審議会でも「異なる文化や習慣をもった人々への偏見をもたずに自然に交流し共に生きていく」ことを重視している。

c. 学生有志　国籍越えた補習授業

土曜日の午後、東京都八王子市の労政会館の一室に、小学5年生から高校2年生まで約20人の生徒が通う。国籍は、中国、シエラレオネ、ペルー、アフガニスタン……。

外国人の子どもたちが学校に溶け込めない、授業についていけず進学もままならない、というケースが出ている。大学生のボランティアグループ「世界の子どもと手をつなぐ学生の会」は、こうした子どもたちを支援しようと1993年春に発足した。

「現代の寺子屋です。日本語の日常会話はできても、授業に出てくる用語についていけないことが多い」と会長の慶応大4年、前田育穂さん(21)はいう。日本人の子どもが、同じクラスの外国人の子どもと接することで、広い視野をもてるようになってほしいという思いもある。

「これはX軸、こっちがY軸。わかるよね?」

先生役の大学生が数学の教科書を指でなぞりながら説明する。ルシアさん(13)＝仮名＝はこくんとうなずいた。ペルー人のルシアさんは、中学2年生。3年前に来日した。埼玉県の小学校時代は、自治体がスペイン語を話せる職員を学校に派遣してくれた。

今は都内の中学校に通う。職員の派遣システムは前ほどあてにできない。「学校だけでは不安……」とルシアさんはつぶやく。

＊

東京都は10月20日、「国際交流・協力TOKYO連絡会」を発足させた。行政、ボランティア団体などが連携し、外国人支援や国際理解教育の方法を探っていこうというも

のだ。「世界の子どもと手をつなぐ学生の会」もメンバーに名を連ねている。

9

（『朝日新聞』1999 年 11 月 19 日付朝刊）

フリガナつき

1　地域、職場、学校……在日外国人の存在は、この 10 年ほどでごく当たり前になってきた。しかし、外国人が暮らしやすいとは言いがたい状況もある。異なる生活習慣や考え方への理解を広めるには、次の世代の子どもたちに働きかけることが大切だ。民間団体や自治体、学校でさまざまな試みがはじまっている。28 万人の外国人が登録している「国際都市・東京」で共に暮らす 21 世紀のための手がかりを探した。

1　## a. アジアの留学生ら　子の視野広げる一助に

2　暗がりの中のスクリーンに、密林を表現した緑鮮やかな影絵が浮かんだ。ガムランの音が流れる。インドネシア人留学生ヘリー・フドラシャさん(40)が物語の語り部役だ。

3　「きょうはね、インドネシアのね。えーと、おばけの話を、しようかなと思うんだ」

4　流ちょうとはいえないヘリーさんの日本語に、客席の大人からくすっと笑いがもれた。だが、子どもたちは、みなヘリーさんをじっと見つめていた。7 日、東京・渋谷にある「こどもの城」の 100 人ほどが入れる小さなホールは、小学校にあがる前の子どもたちとお父さん、お母さんでいっぱいだった。

5　留学生宿舎「アジア文化会館」（東京都文京区）に出入りする留学生や日本の学生たちは、数年前からアジア文化をテーマにした舞台を共同製作している。資金は寄付などでまかなう。今回は 12 人のメンバーがインドネシアの民話をもとに影絵劇に挑んだ。

6　同会館職員で製作指揮の黒澤眞爾さん(38)は「各地で上演し、異文化理解のための社会的な意味を持ちたい」と話す。

7　12 月には東京都北区の PTA グループの招きでも上演する。「学校にも外国人の子どもが増えている。異文化を考える機会にしたい」というのが PTA 側の意向だ。

8　観客だけでなく、製作スタッフにとっても劇づくりは異文化との出あいだ。今回の主役でマレーシアからの女子留学生、王愛明さん(30)は、5 年前からこの活動に参加している。「最初のころは大変だったよ」

9　メンバーの出身国や母国語はばらばら。感情表現の仕方ひとつとっても違う。練習中、韓国人男性と怒鳴りあったりもした。「やっぱりある程度我慢は必要」。この数年の

経験から学んだことだ。

　日系ペルー人の池田セサルさん(58)はメンバー最年長。10年前に来日し自動車工場 10
で車の部品をつくっていた。「ロボットみたいな仕事」。周りは南米から来た仲間ばかり
で「日本語話さなかった」。突然の解雇を経験し、今は別の仕事を見つけた。昨年の舞台
を見て参加した。

　「日本に外国人多くなって、日本の子どもの世界広がる。大人になって外国人といいコ 11
ミュニケーションしてくれたら。そういうメッセージ、伝わればうれしいよ」

　こどもの城での公演は立ち見まで出た。終わると、子どもたちがかけよってきた。セ 12
サルさんは顔をくしゃくしゃにして小さな手を順番に握りしめた。

b. 世界の仲間と合宿で討論
1

　異文化理解は、21世紀の学校教育でもキーワードの一つになりそうだ。東京都渋谷 2
区の関東国際高校は、2年前から「世界教室」というユニークな取り組みを始めた。

　3回目の今年は20の国と地域から約90人を招き、10月下旬から12日間、学校の研 3
修施設などで合宿し、ディスカッションなどをした。同校教諭の黒羽融さんは「生
徒たちがになう次の世紀は、国や人種の壁を乗り越え一つにならなくてはいけない時代。
そのためには、今から互いの違いや共通点を理解することです」と説明する。

　2002年(一部03年)実施の新教育課程では、小学3年生から高校生まで「総合的な学 4
習の時間」が設置され、内容の中に「国際理解」がある。教育課程審議会でも「異なる
文化や習慣をもった人々への偏見をもたずに自然に交流し共に生きていく」ことを重
視している。

c. 学生有志　国籍越えた補習授業
1

　土曜日の午後、東京都八王子市の労政会館の一室に、小学5年生から高校2年生まで 2
約20人の生徒が通う。国籍は、中国、シエラレオネ、ペルー、アフガニスタン……。

　外国人の子どもたちが学校に溶け込めない、授業についていけず進学もままならない、 3
というケースが出ている。大学生のボランティアグループ「世界の子どもと手をつなぐ
学生の会」は、こうした子どもたちを支援しようと1993年春に発足した。

　「現代の寺子屋です。日本語の日常会話はできても、授業に出てくる用語についてい 4
けないことが多い」と会長の慶応大4年、前田育穂さん(21)はいう。日本人の子どもが、
同じクラスの外国人の子どもと接することで、広い視野をもてるようになってほしいと

いう思いもある。

5　「これは X 軸、こっちが Y 軸。わかるよね ?」

6　先生役の大学生が数学の 教 科書を指でなぞりながら説明する。ルシアさん(13) = 仮名 = はこくんとうなずいた。ペルー人のルシアさんは、中 学 2 年生。3 年前に来日した。埼 玉県の 小 学校時代は、自治体がスペイン語を話せる 職 員を学校に派遣してくれた。

7　今は都内の 中 学校に通う。職 員の派遣システムは前ほどあてにできない。「学校だけ では不安……」とルシアさんはつぶやく。

＊

8　東 京 都は 10 月 20 日、「国際交 流 ・協 力TOKYO 連絡会」を発足させた。行 政、ボ ランティア団体などが連携し、外国人支援や国際理解 教 育の方法を探っていこうという ものだ。「世界の子どもと手をつなぐ学生の会」もメンバーに名を連ねている。

9　(『朝日新聞』1999 年 11 月 19 日付 朝 刊)

話そう・書こう ■ 情報を自分のことばで表現しよう

ステップ1 資料からの情報

[1] それぞれの資料の情報を書きながらまとめましょう。

	だれからの情報でしたか	何が分かりましたか	どの部分から分かりましたか
資料—1			
資料—2			
資料—3			
資料—4			
資料—5			

↓

[2] それぞれの資料を関係づけて、このテーマについての情報をまとめましょう。

ステップ2　あなたからの情報

[1] ステップ1でまとめた情報の中で、新しい情報はありましたか。

(あった・なかった)

[2] どれが新しい／新しくない情報でしたか。

[3] ステップ1でまとめた情報は、あなたの国と同じでしたか。

(すべて同じ・違う点もある・まったく違う)

[4] どの情報からそのように思いましたか。

[5] 次のトピックについてあなたの考えをスピーチや作文で表現してみましょう。
- 私の国に住む外国人
- 私の体験
- 日本と私の国での外国人の問題
- 私が理想とする国際社会
- その他 (　　　　　　　　　　　　)

ステップ3　もっと知りたい!

このテーマについてもっと知るために、どのような情報が必要ですか。参考図書の Kajita (1998)、Lee and DeVos (1981)、梶田 (1994)、『国際人流』などを参考にして調べてみましょう。

豊かさの意味

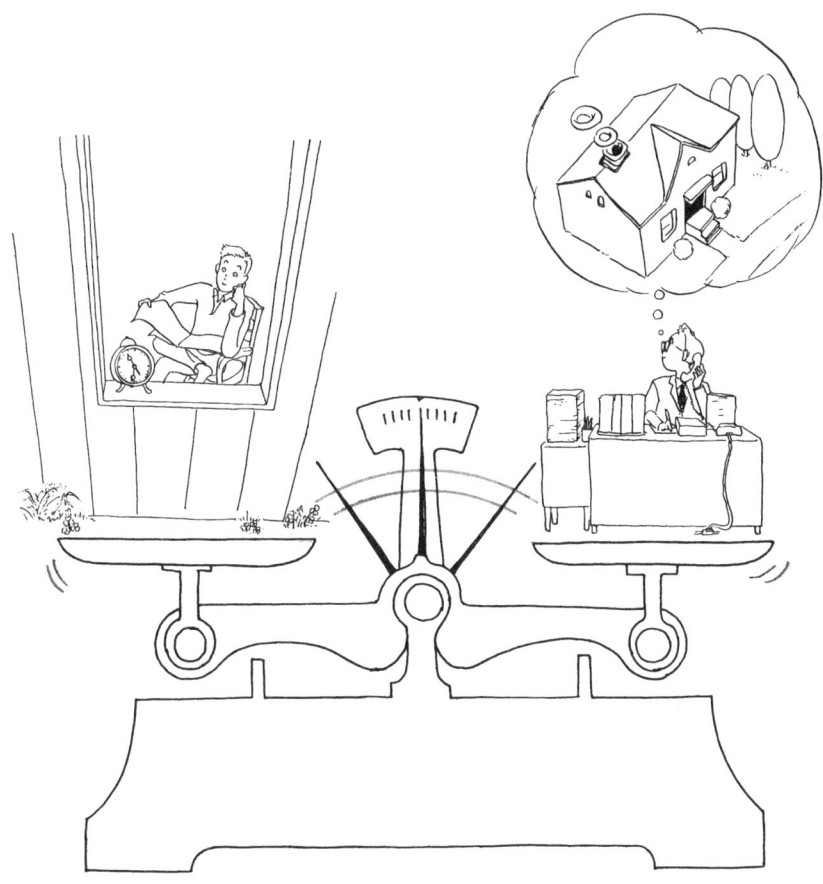

「お金？　それとも　時間？」

キーワード

経済大国、GDP、物価、ゆとり、豊かさ、
けいざいたいこく　　　　　　ぶっか
余暇、中流意識、平等意識、画一化
よか　ちゅうりゅういしき　びょうどういしき　かくいつか

● 知っていることを話そう ● キーワードを使って 知っている情報を整理しよう

[1] あなたの生活について考えてください。

　　1）あなたの生活は豊かだと思いますか。どんな点が豊かですか。

　　2）あなたの生活は豊かでないと思いますか。どんな点が豊かでありませんか。

[2] あなたの国について考えてください。

　　1）あなたの国は豊かだと思いますか。どんな点が豊かですか。

　　2）あなたの国は豊かでないと思いますか。どんな点が豊かではありませんか。

[3] 日本について考えてください。

　　1）日本は豊かだと思いますか。どんな点が豊かですか。

　　2）日本は豊かではないと思いますか。どんな点が豊かではありませんか。

[4] あなたにとって「豊かな国」とはどんな国ですか。

◆ ここから考えよう ◆ もっと情報を集めよう

次の資料から日本社会の豊かさについて、いろいろな情報を読みとりましょう。

- 資料—1　「豊かさ」って何だろう（新書）

- 資料—2　「貧乏ヒマあり」への道（雑誌）

- 資料—3　日本人の暮らし方（グラフ・表）

- 資料—4　余暇の意味変化促す（新聞評論）

資料—1　「豊かさ」って何だろう

フリガナなし

1　企業戦士である男たちが、総じて政財界の求める豊かさ感に取り込まれているのに比べると、生活をまるごとひきうけて、老人や子どもを相手にしている女たちは、経済大国日本の生活に、豊かさの実感がないことを本能的に鋭く感じている。

2　『ミセス』1988 年 2 月号で、読者である 100 人のミセスの声を集めて「"豊かさ" って何だろう」という特集が組まれたことがあった。

3　「うさぎ小屋に住み、満員電車に長時間ゆられて通勤し、夜遅くまで働く日本人。豊かな生活とは、どんな暮らしを言うのだろう。"豊かさ" をお役所の統計や数字でなく、ミセス一人一人の肉声で、台所からの視座で、身近で具体的な生活実感から捉えると」——と前置きしたその特集は、ミセスたちの声を次のように紹介している。

4　「きれいな空気と豊かな自然。近所には図書館、保育所があり、ミセスも安心して仕事ができる。受験戦争もなく、子どもはのびのびと学び、遊ぶ。老後はのんびりと年金生活。ひとりぐらしになっても福祉サービスがいき届いていて安心」

5　つづいて、"あなたにとって豊かな暮らしとは ?" という質問に対してミセスたちは、

「日の当たる家に住み、家族そろって夕食をとり、日曜日には近くの公園や郊外に足をのばしてスポーツに汗を流す。年に一度くらいは家族でバカンスを楽しむ」

「平均的サラリーマンにも、通勤時間、1 時間くらいのところに良質なマイホームが持てる」

「子どもが家の中で、テレビやファミコンでひとり遊びするのではなく、元気に外で走り回って遊ぶような社会」

「平和であること、老後に不安がないこと」

「多少不便でも、公害、農薬、食品添加物等がない生活」

「公害をなくし緑をふやす。子どもを塾から解放し、まじめに働く者に住宅を与えることができる国」

「規則だらけでなく子どもが生き生きできる国」——等々。

6　次に、"あなたの欲しいもの、必要なことは ?" の質問に対しては、

「自由な時間」（この答えは圧倒的に多い）

「有給休暇」

「将来の生活に対する不安を取り除くことがいまの生活にゆとりを生む」

「まじめに働いた人なら、老後の生活の心配をしなくてもすむような制度」

「私立学校の授業料への補助」

「勤務時間に見合う収入」——等。

さらに、"日本の豊かさの象徴は?"との質問に、 7

「海外での不動産の購入」

「ゴッホのひまわりの取得」

「40 グラムそこそこで 5 万円もする化粧クリーム」

「成人式の振り袖、海外旅行の女子大生の華やかさ」

「粗大ゴミ捨て場」

「子どもの受験、進学にかける親の熱意と金と暇」

「不動産広告に億単位の数字が並んでいること」

「次期主力戦闘機を何機も買おうとしていること」

「商品の過剰包装」

「石原裕次郎の告別式」——等。

最後に、"日本の貧しさを象徴するものは?"の質問に対して、 8

「画一化されて個性のない教育」

「国民年金の少なさ」

「税金が高いこと、つめこみ教育」

「道端でゴルフの素振りに熱中しているお父さん。ラッシュアワーにもまれるお父さん。単身赴任のお父さん。カラオケバーで、ささやかなストレス解消をするお父さん」

「農薬づけの野菜、薬づけの食肉、加工食品」

「台所の窓から、隣の家のトイレの窓がすぐ目の前に見える住宅」

「住宅ローンの破産急増」

「民間の高金利金融の広告、看板があまりに多いこと」

「人口あたりの公園の少なさ」

「病人をつめこむだけつめこんだ老人病院」

「高額なお金を出さない限り入れない老人ホーム」

「特別養護老人ホーム入所希望者の順番待ち」

「年収が 800 万円あっても家が買えない」

「銀座セゾン劇場、六本木シネ・ヴィヴァンのトイレ。GNP に直接結びつかないものはなおざりにされている」

「いまの日本の豊かさは、ひとたび社会的弱者になるや、ただの幻になってしまう。弱者として生活するにも、ほとんど自分で対処するほかない現実では、"今"をきりつめ、万一に備える負担の大きさに人々は苦しんでいる」

9　ミセスたちの生活実感は、日本の豊かさの本質を見事に言いあてているように思われ
る。

10　　　　　　　　　　　　　　　　　（暉峻淑子『豊かさとは何か』岩波新書、1989 年）

フリガナつき

1　企業戦士である男たちが、総じて政財界の求める豊かさ感に取り込まれているのに
比べると、生活をまるごとひきうけて、老人や子どもを相手にしている女たちは、経済
大国日本の生活に、豊かさの実感がないことを本能的に鋭く感じている。

2　『ミセス』1988 年 2 月号で、読者である 100 人のミセスの声を集めて「"豊かさ" って
何だろう」という特集が組まれたことがあった。

3　「うさぎ小屋に住み、満員電車に長時間ゆられて通勤し、夜遅くまで働く日本人。豊
かな生活とは、どんな暮らしを言うのだろう。"豊かさ" をお役所の統計や数字でなく、
ミセス一人一人の肉声で、台所からの視座で、身近で具体的な生活実感から捉えると」
——と前置きしたその特集は、ミセスたちの声を次のように紹介している。

4　「きれいな空気と豊かな自然。近所には図書館、保育所があり、ミセスも安心して仕事
ができる。受験戦争もなく、子どもはのびのびと学び、遊ぶ。老後はのんびりと年金生
活。ひとりぐらしになっても福祉サービスがいき届いていて安心」

5　つづいて、"あなたにとって豊かな暮らしとは?" という質問に対してミセスたちは、
「日の当たる家に住み、家族そろって夕食をとり、日曜日には近くの公園や郊外に足
をのばしてスポーツに汗を流す。年に一度くらいは家族でバカンスを楽しむ」
「平均的サラリーマンにも、通勤時間、1 時間くらいのところに良質なマイホームが持
てる」
「子どもが家の中で、テレビやファミコンでひとり遊びするのではなく、元気に外で走
り回って遊ぶような社会」
「平和であること、老後に不安がないこと」
「多少不便でも、公害、農薬、食品添加物等がない生活」
「公害をなくし緑をふやす。子どもを塾から解放し、まじめに働く者に住宅を与え
ることができる国」
「規則だらけでなく子どもが生き生きできる国」——等々。

6　次に、"あなたの欲しいもの、必要なことは?" の質問に対しては、
「自由な時間」（この答えは圧倒的に多い）
「有給休暇」

「将来の生活に対する不安を取り除くことがいまの生活にゆとりを生む」

「まじめに働いた人なら、老後の生活の心配をしなくてもすむような制度」

「私立学校の授業料への補助」

「勤務時間に見合う収入」——等。

さらに、"日本の豊かさの象徴は?"との質問に、 7

「海外での不動産の購入」

「ゴッホのひまわりの取得」

「40グラムそこそこで5万円もする化粧クリーム」

「成人式の振り袖、海外旅行の女子大生の華やかさ」

「粗大ゴミ捨て場」

「子どもの受験、進学にかける親の熱意と金と暇」

「不動産広告に億単位の数字が並んでいること」

「次期主力戦闘機を何機も買おうとしていること」

「商品の過剰包装」

「石原裕次郎の告別式」——等。

最後に、"日本の貧しさを象徴するものは?"の質問に対して、 8

「画一化されて個性のない教育」

「国民年金の少なさ」

「税金が高いこと、つめこみ教育」

「道端でゴルフの素振りに熱中しているお父さん。ラッシュアワーにもまれるお父さん。単身赴任のお父さん。カラオケバーで、ささやかなストレス解消をするお父さん」

「農薬づけの野菜、薬づけの食肉、加工食品」

「台所の窓から、隣の家のトイレの窓がすぐ目の前に見える住宅」

「住宅ローンの破産急増」

「民間の高金利金融の広告、看板があまりに多いこと」

「人口あたりの公園の少なさ」

「病人をつめこむだけつめこんだ老人病院」

「高額なお金を出さない限り入れない老人ホーム」

「特別養護老人ホーム入所希望者の順番待ち」

「年収が800万円あっても家が買えない」

「銀座セゾン劇場、六本木シネ・ヴィヴァンのトイレ。GNPに直接結びつかないものはなおざりにされている」

「今の日本の豊かさは、ひとたび社会的弱者になるや、ただの幻になってしまう。

弱者として生活するにも、ほとんど自分で対処するほかない現実では、“今”をきりつ
め、万一に備える負担の大きさに人々は苦しんでいる」

9　　ミセスたちの生活実感は、日本の豊かさの本質を見事に言いあてているように思われ
る。

10　　　　　　　　　　　　　　　　　　　　（暉峻淑子『豊かさとは何か』岩波新書、1989 年）

資料—2　「貧乏ヒマあり」への道

豊かさを計るモノサシは、カネとヒマである。で、このカネ尺とヒマ尺を組み合わせ 1
てヒトの暮し向きを計ると、次の四つのタイプに分けることができる。

　　① 金持ヒマあり

　　② 金持ヒマなし

　　③ 貧乏ヒマあり

　　④ 貧乏ヒマなし

言うまでもなく、このなかでは ① がいちばんいい。が、① になれる人は、よっぽど 2
エライ人か、よっぽど悪い人である。自慢じゃないが、ぼくはどんなにがんばっても、
ぜったいになれないという自信がある。

逆にまた、④ もなれない。いや、なれないことはないし、げんにぼくも長い間 ④ を 3
やってきたけれど、いまのように世の中全体が経済的に底あげされてしまうと、④ のま
までいるのはかえってむずかしくなる。ヒマがないくらいに働いてしまうと、いやでも
カネが入ってきてしまうのである。いまどき ④ を貫ける人は、よっぽどエライ人か、よっ
ぽどワルイ人のどちらかだろう。

となると、いまのぼくたちには、② と ③ しか残されていない。つまり、「カネをとる 4
か、ヒマをとるか」の、二つに一つしか道はないということになる。もちろんこの場合
の「ヒマなし」は、日曜祭日もないというほど極端なものではないし、「貧乏」と言って
も食うに困るほどひどいものではないけれど、とにかくどちらかに重点を置いて選ばな
ければならないということになるのだ。

その結果、ぼくたちはみんな ② の「金持ヒマなし」になった。みんなと言うのが言い 5
すぎなら、70 パーセントが ② になった。日本人の 70 パーセントが自分の暮し向きを中
流だと思っているのが、その何よりの証拠である。どう考えたって、「貧乏な中流」なん
ていうのはないし、国民の平均貯蓄額というのを見たって、とても貧乏とは思えないか
らである。

ま、それはそれで自分で選んだ道だから、文句を言う筋合いはない。が、「ヒマ」より 6
「カネ」を優先している限り、「豊かさ」の実感はまず持てないだろう、とぼくは思って
いる。第一に、カネはいくらあれば豊かと感じられるか、その規準がハッキリしない。第
二に、金銭的な豊かさを手に入れたとしても、その豊かさを実感するには、そのための
ヒマが要る。「ああ、豊かだなア」と思うヒマもない人が、豊かさを実感できるハズがな

いではないか。

7　だから、豊かさをしみじみ味わいたいと思う人は、いまからでも遅くはない、③の「貧乏ヒマあり」線に乗りかえるしかないだろう。カネを追いまわすのはもうやめにして、ボケーッと過ごせる時間をつくり出すことである。

8　先日、中野孝次さんにお目にかかったら、「いまの日本人は退屈の仕方を忘れてしまっている」と嘆いていたのが、ぼくには面白かった。たしかにいまのぼくたちは、退屈することをむやみにおそれ、一瞬でも退屈しないように、次から次へと刺激を求めつづけている。そんな要望にこたえようと、テレビや週刊誌がまた、せっせとコマ切れの刺激を送りつづけているのだ。

9　ことしの春、ニューヨークへ行ったとき、バッテリー公園のベンチにすわって、ボケーッと海を見ている老人を見かけた。数時間後に、ぼくが用事を終えてふたたびそこを通りかかると、老人は相変わらずボケーッと海を見ている。「ウォークマンの猿」のようなその崇高な姿に、思わずぼくは感動して、しばらくの間、その老人の横顔をボケーッと見つづけてしまった。

10　それ以来、ぼくは、なんとかヒマをつくろう、それが豊かさに通じる道だと、一生けんめい努力をしてきた。そのせいか、以前にくらべると、少しはヒマな時間をつくれるようになってきたように思う。

11　が、悲しいことに、ちょっとしたヒマができると、このヒマをムダにせず、有意義に使おうなんて、バカなことをすぐに考えてしまう。豊かさへの道は、まだまだ遠い。

12

（天野祐吉『ミセス』1988 年 2 月号）

（フリガナつき）

1　豊かさを計るモノサシは、カネとヒマである。で、このカネ尺とヒマ尺を組み合わせてヒトの暮し向きを計ると、次の四つのタイプに分けることができる。
　　① 金持ヒマあり
　　② 金持ヒマなし
　　③ 貧乏ヒマあり
　　④ 貧乏ヒマなし

2　言うまでもなく、このなかでは ① がいちばんいい。が、① になれる人は、よっぽどエライ人か、よっぽど悪い人である。自慢じゃないが、ぼくはどんなにがんばっても、ぜったいになれないという自信がある。

3　逆にまた、④ もなれない。いや、なれないことはないし、げんにぼくも長い間 ④ を

やってきたけれど、いまのように世の中全体が経済的に底あげされてしまうと、④のままでいるのはかえってむずかしくなる。ヒマがないくらいに働いてしまうと、いやでもカネが入ってきてしまうのである。いまどき④を貫ける人は、よっぽどエライ人か、よっぽどワルイ人のどちらかだろう。

となると、いまのぼくたちには、②と③しか残されていない。つまり、「カネをとるか、ヒマをとるか」の、二つに一つしか道はないということになる。もちろんこの場合の「ヒマなし」は、日曜祭日もないというほど極端なものではないし、「貧乏」と言っても食うに困るほどひどいものではないけれど、とにかくどちらかに重点を置いて選ばなければならないということになるのだ。

その結果、ぼくたちはみんな②の「金持ヒマなし」になった。みんなというのが言いすぎなら、70パーセントが②になった。日本人の70パーセントが自分の暮し向きを中流だと思っているのが、その何よりの証拠である。どう考えたって、「貧乏な中流」なんていうのはないし、国民の平均貯蓄額というのを見たって、とても貧乏とは思えないからである。

ま、それはそれで自分で選んだ道だから、文句を言う筋合いはない。が、「ヒマ」より「カネ」を優先している限り、「豊かさ」の実感はまず持てないだろう、とぼくは思っている。第一に、カネはいくらあれば豊かと感じられるか、その規準がハッキリしない。第二に、金銭的な豊かさを手に入れたとしても、その豊かさを実感するには、そのためのヒマが要る。「ああ、豊かだなア」と思うヒマもない人が、豊かさを実感できるハズがないではないか。

だから、豊かさをしみじみ味わいたいと思う人は、いまからでも遅くはない、③の「貧乏ヒマあり」線に乗りかえるしかないだろう。カネを追いまわすのはもうやめにして、ボケーッと過ごせる時間をつくり出すことである。

先日、中野孝次さんにお目にかかったら、「いまの日本人は退屈の仕方を忘れてしまっている」と嘆いていたのが、ぼくには面白かった。たしかにいまのぼくたちは、退屈することをむやみにおそれ、一瞬でも退屈しないように、次から次へと刺激を求めつづけている。そんな要望にこたえようと、テレビや週刊誌がまた、せっせとコマ切れの刺激を送りつづけているのだ。

ことしの春、ニューヨークへ行ったとき、バッテリー公園のベンチにすわって、ボケーッと海を見ている老人を見かけた。数時間後に、ぼくが用事を終えてふたたびそこを通りかかると、老人は相変わらずボケーッと海を見ている。「ウォークマンの猿」のようなその崇高な姿に、思わずぼくは感動して、しばらくの間、その老人の横顔をボケーッと見つづけてしまった。

10　それ以来、ぼくは、なんとかヒマをつくろう、それが豊かさに通じる道だと、一生 けんめい努力をしてきた。そのせいか、以前にくらべると、少しはヒマな時間をつくれるようになってきたように思う。

11　が、悲しいことに、ちょっとしたヒマができると、このヒマをムダにせず、有意義に使おうなんて、バカなことをすぐに考えてしまう。豊かさへの道は、まだまだ遠い。

12

（天野祐吉『ミセス』1988 年 2 月号）

資料—3　日本人の暮らし方

【日本人にとって豊かさやゆとりとは？】

1. 日本の豊かさ指標

領域別ベスト3

住む	費やす	働く	育てる	癒す	遊ぶ	学ぶ	交わる
住環境	収入と消費生活	賃金や労働環境	児童の教育など	医療と保健	休暇と余暇	生涯学習・文化施設	地域活動
① 富山県	① 山梨県	① 長野県	① 北海道	① 福井県	① 東京都	① 東京都	① 山梨県
② 山形県	② 愛知県	② 鳥取県	② 高知県	② 徳島県	② 長野県	② 石川県	② 滋賀県
③ 秋田県	③ 岐阜県	③ 香川県	③ 岩手県	③ 熊本県	③ 福井県	③ 長野県	③ 長野県

注：豊かさ指標（People's Life Indicators）は、生活水準・豊かさを総合的に把握するため、生活に係わる多くの情報を個人の生活感覚を基に整理して、分かりやすく、具体的な形で数量化したものです。

（経済企画庁『新国民生活指標』1997年より作成）

2. これからの生活で大切にしたいこと

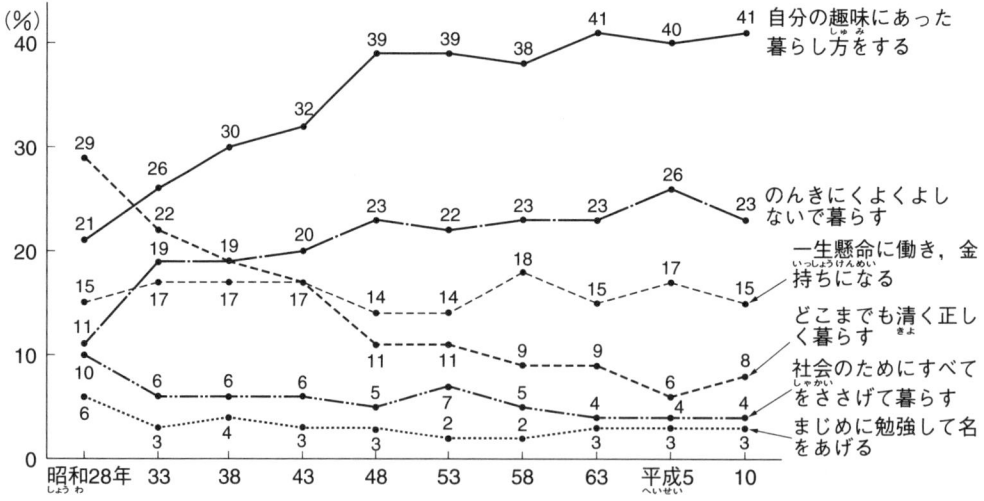

（統計数理研究所『国民性の研究』1998年より作成）

3. ゆとりが不足している要因

順位	経済的ゆとり			時間的ゆとり		
	不足要因	89 年	98 年	不足要因	89 年	98 年
1	老後の備えが不足	22.6	24.5	職場や学校の拘束時間が長い	21.3	21.0
2	毎日の生活費が不足	21.4	23.4	家事・育児に忙しい	7.3	6.7
3	不時の備えが不足	22.8	20.8	仕事や学校のための学習・研究に忙しい	8.6	5.0
4	住宅ローンの負担が重い	8.1	9.6	通勤時間が長い	3.2	2.0
5	教育資金不足	6.6	7.8	つきあいに忙しい	3.0	1.8
6	レジャー資金が不足	10.9	6.0	その他	1.6	2.8
7	交際費が不足	5.1	3.8	無回答	0.4	0.4
8	その他	1.1	3.0			
9	無回答	1.5	1.0			
10						
11						
12						

順位	空間的ゆとり			精神的ゆとり		
	不足要因	89 年	98 年	不足要因	89 年	98 年
1	住居が狭い	22.0	18.8	自分や家族の将来に対する不安	34.9	39.2
2	庭が狭い、ない	7.8	6.1	仕事の内容	17.2	13.7
3	近隣が密接	5.1	4.1	職場の人間関係	7.7	7.3
4	近くに公園・広場などが少ない	5.4	3.0	家族の病気	6.8	6.3
5	その他	0.5	1.0	家庭内の老人の問題	4.2	6.1
6	無回答	0.5	0.3	家庭内の人間関係	5.0	6.0
7				その他の家庭内問題	6.1	4.8
8				子供の教育問題	7.3	4.5
9				その他の職場内問題	4.1	4.4
10				地域の人間関係	4.3	2.5
11				その他	1.9	4.0
12				無回答	0.6	1.2

注：1998 年の数字が大きい順に配列。単位は％。回答者はゆとりが「あまりない」または「非常に乏しい」と回答した者。

（経済企画庁『国民生活選好度調査』1998 年より作成）

資料─4　余暇の意味変化促す

●『日本経済新聞』1999年8月23日付 朝刊
（づけちょうかん）

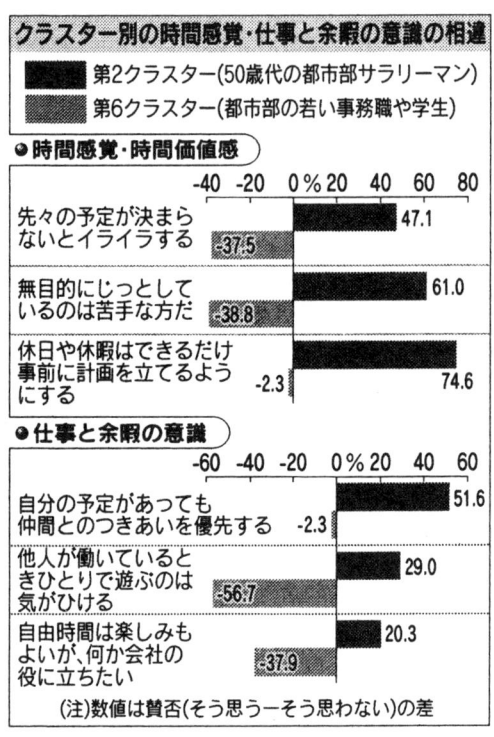

【クラスター別の時間感覚・仕事と余暇の意識の相違】

■ 第2クラスター（50歳代の都市部サラリーマン）
▓ 第6クラスター（都市部の若い事務職や学生）

●時間感覚・時間価値感

先々の予定が決まらないとイライラする　47.1　-37.5

無目的にじっとしているのは苦手な方だ　61.0　-38.8

休日や休暇はできるだけ事前に計画を立てるようにする　74.6　-2.3

●仕事と余暇の意識

自分の予定があっても仲間とのつきあいを優先する　51.6　-2.3

他人が働いているときひとりで遊ぶのは気がひける　29.0　-56.7

自由時間は楽しみもよいが、何か会社の役に立ちたい　20.3　-37.9

(注)数値は賛否（そう思う─そう思わない）の差

〔フリガナなし〕

　超多忙な現代人は、「時間節約」と「時間充足」という二つの対極的な時間ニーズを持っている。そして、これらの時間ニーズが、日々の生活空間に対するニーズにも強く反映されている。　1

　まず「時間節約ニーズ」は、自分にとっての価値（意味）のある時間を少しでも多く確保するために無駄な時間を節約しようという「コンビニエンス欲求」として表れる。例えば、最近のコンビニ店が、買い物時間の短縮化とともに、電気やガス代金の入金、劇場などのチケットや航空券の予約、購入、宅配便の発送や預託といった業務をこなすようになったのも、こうしたコンビニエンス欲求の反映でもある。また、多忙な人向けのデリバリーサービスなども、ここ数年の大きな傾向である。これらのサービスは、まさに多忙な顧客のための「顧客代理店」を志向しているように見受けられる。　2

　こうした時間節約欲求は、自宅（ホーム）の空間機能にも変化を及ぼしている。パソコンを使ってインターネットからありとあらゆる情報を入手したり、「仮想商店街」での買い物、銀行決済など、自宅という空間の情報武装が進んでいる。自宅にいながらあらゆ　3

るニーズが満たされ、そのことが時間節約につながるという方向であろう。

4　　他方、こうした時間節約欲求の反面で、その対極の「時間充足欲求」も強まっている。時間にひたすら追われ、左脳を強く刺激される生活は、安らぎや静けさを感じることのできる、ゆったりとした空間、いわば「右脳空間」へのニーズを必然的に高める。情報化によるバーチャルな日々の環境とは逆に、大自然の中で、五感をフルに刺激することができて、しかも本物にふれることのできる空間へのニーズである。

5　　こうした時間充足的ニーズ、右脳的空間へのニーズは、社会の成熟化・高齢化社会化によって、さらに加速されよう。

6　　本格的な高齢化社会を迎える 21 世紀は、社会全体の画一的な価値観が崩れ、個々人からみた意味づけや価値のベクトルがさらに多様化していこう。自分にとって意味のある「面白い」と思ったことが、すなわち「自由時間」になるといった「余暇の意味変化」が起きるということだ。

7　　従来、レジャーといえば、旅行にしろゴルフにしろ、ほとんどが既存の余暇サービスという商品を購入、消費することを意味していた。余暇のスタイル自体が一つの商品と考えられるからこそ、その消費には横並びの意識も強く働いた。しかし、これからは、自分だけの趣味はテーマが重視される。自分が最も満足できる時間こそが自由時間であり余暇であるという感覚が強まってこよう。ここでは、活動の内容は何でも構わない。地域にある歴史的な建物を補修し活用し、ここをギャラリーとして、さまざまな活動を楽しんだり、河川や地域の歴史的な街道などを清掃し、自分たちで手作りのイベントを楽しむといったように、昔なら「道普請」や「地域奉仕」と考えられていたような活動も立派な自由時間活動となるのである。

8　　このように人生の成熟期を、自分の好きなように楽しむ。そのプロセス自体が遊びになるような活動が増えてこよう。旅行系のレジャーの世界でも、最近、世界遺産や地域固有の歴史文化遺産・産業遺産などを学ぶ「知の旅」や、遍路道や「古道」を巡る「癒しの旅」、鉱石や植物の採取や俳句、スケッチなどを目的とした「テーマ旅」といったように、個々人の価値や意味づけに添った手作りの旅も増えている。これからの空間づくりやサービスのシステムを考える場合には、これら個々人の意味づけやニーズを支援する明確なコンセプトが重要となろう。

（自由時間デザイン協会[旧余暇開発センター]研究主幹　丁野朗）

（『日本経済新聞』1999 年 8 月 23 日付朝刊）

9

　超多忙な現代人は、「時間節約」と「時間充足」という二つの対極的な時間ニーズを持っている。そして、これらの時間ニーズが、日々の生活空間に対するニーズにも強く反映されている。

　まず「時間節約ニーズ」は、自分にとっての価値（意味）のある時間を少しでも多く確保するために無駄な時間を節約しようという「コンビニエンス欲求」として表れる。例えば、最近のコンビニ店が、買い物時間の短縮化とともに、電気やガス代金の入金、劇場などのチケットや航空券の予約、購入、宅配便の発送や預託といった業務をこなすようになったのも、こうしたコンビニエンス欲求の反映でもある。また、多忙な人向けのデリバリーサービスなども、ここ数年の大きな傾向である。これらのサービスは、まさに多忙な顧客のための「顧客代理店」を志向しているように見受けられる。

　こうした時間節約欲求は、自宅（ホーム）の空間機能にも変化を及ぼしている。パソコンを使ってインターネットからありとあらゆる情報を入手したり、「仮想商店街」での買い物、銀行決済など、自宅という空間の情報武装が進んでいる。自宅にいながらあらゆるニーズが満たされ、そのことが時間節約につながるという方向であろう。

　他方、こうした時間節約欲求の反面で、その対極の「時間充足欲求」も強まっている。時間にひたすら追われ、左脳を強く刺激される生活は、安らぎや静けさを感じることのできる、ゆったりとした空間、いわば「右脳空間」へのニーズを必然的に高める。情報化によるバーチャルな日々の環境とは逆に、大自然の中で、五感をフルに刺激することができて、しかも本物にふれることのできる空間へのニーズである。

　こうした時間充足的ニーズ、右脳的空間へのニーズは、社会の成熟化・高齢化社会化によって、さらに加速されよう。

　本格的な高齢化社会を迎える21世紀は、社会全体の画一的な価値観が崩れ、個々人からみた意味づけや価値のベクトルがさらに多様化していこう。自分にとって意味のある「面白い」と思ったことが、すなわち「自由時間」になるといった「余暇の意味変化」が起きるということだ。

　従来、レジャーといえば、旅行にしろゴルフにしろ、ほとんどが既存の余暇サービスという商品を購入、消費することを意味していた。余暇のスタイル自体が一つの商品と考えられるからこそ、その消費には横並びの意識も強く働いた。しかし、これからは、自分だけの趣味はテーマが重視される。自分が最も満足できる時間こそが自由時間であり余暇であるという感覚が強まってこよう。ここでは、活動の内容は何でも構わない。地域にある歴史的な建物を補修し活用し、ここをギャラリーとして、さまざまな

活動を楽しんだり、河川や地域の歴史的な街道などを清掃し、自分たちで手作りのイベントを楽しむといったように、昔なら「道普請」や「地域奉仕」と考えられていたような活動も立派な自由時間活動となるのである。

8　このように人生の成熟期を、自分の好きなように楽しむ。そのプロセス自体が遊びになるような活動が増えてこよう。旅行系のレジャーの世界でも、最近、世界遺産や地域固有の歴史文化遺産・産業遺産などを学ぶ「知の旅」や、遍路道や「古道」を巡る「癒しの旅」、鉱石や植物の採取や俳句、スケッチなどを目的とした「テーマ旅」といったように、個々人の価値や意味づけに添った手作りの旅も増えている。これからの空間づくりやサービスのシステムを考える場合には、これら個々人の意味づけやニーズを支援する明確なコンセプトが重要となろう。

　　　　　　（自由時間デザイン協会[旧余暇開発センター]研究主幹　丁野朗）

9　　　　　　　　　　　　　　　（『日本経済新聞』1999年8月23日付朝刊）

話そう・書こう ■ 情報を自分のことばで表現しよう

ステップ1 資料からの情報

[1] それぞれの資料の情報を書きながらまとめましょう。
しりょう　じょうほう

	だれからの情報でしたか	何が分かりましたか	どの部分から分かりましたか
資料―1			
資料―2			
資料―3			
資料―4			

[2] それぞれの資料を関係づけて、このテーマについての情報をまとめましょう。
かんけい

ステップ 2 　あなたからの情報

[1] ステップ 1 でまとめた情報の中で、新しい情報はありましたか。

(あった・なかった)

[2] どれが新しい／新しくない情報でしたか。

[3] ステップ 1 でまとめた情報は、あなたの国と同じでしたか。

(すべて同じ・違う点もある・まったく違う)

[4] どの情報からそのように思いましたか。

[5] 次のトピックについてあなたの考えをスピーチや作文で表現してみましょう。
- 私の国の豊かさ
- 私の社会の変化
- 日本と私の国での豊かさの違い
- 私が豊かだと思う社会
- その他 (　　　　　　　　　　　　)

ステップ 3 　もっと知りたい!

　このテーマについてもっと知るために、どのような情報が必要ですか。参考図書の大橋 (2000)、暉峻 (1995) などを参考にして調べてみましょう。

ステレオタイプを超えて 多様化する日本・日本人

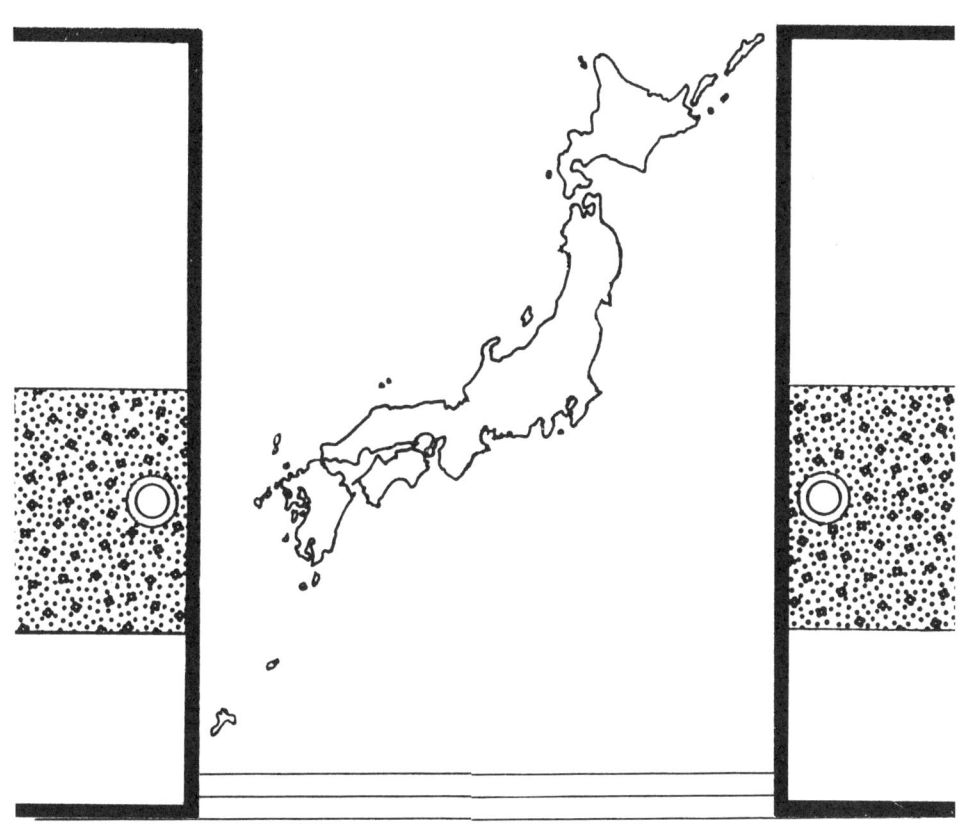

「イメージの向こうへ」

182

「日本」「日本人」のイメージについてもう一度考えましょう

テーマ1〜6を読んでみて、新しい「日本」「日本人」は見つかりましたか。

[1]「はじめに」のイラストや写真(4〜5ページ)をもう一度見てみましょう。それぞれについてどのようなことを考えますか。

イラスト番号	関連するテーマ	考えたこと
	女性の生き方	
	変わる教育	
	若者の感性	
	仕事への意識	
	日本の外国人	
	豊かさの意味	

[2] 今、あなたは「日本」「日本人」についてどのようなイメージを持っていますか。それは、各テーマを読む前と同じですか、変わりましたか。何がどのように変わったか(変わらなかったか)を具体的に説明しましょう。

1) 今のあなたのイメージ

2) 各テーマを読む前のイメージ

3) 変わりましたか。 　　　　　　　　　　　　　(変わった ・ 変わらない)

4) どの情報からそう考えましたか。

「脱ステレオタイプ」とは？

　「日本」「日本人」についてのイメージが変わった人もいたと思います。また、変わらなかった人もいたと思います。ここでは、今まで持っていたイメージが「変わる」「変わらない」ということについて考えましょう。

[1]「脱ステレオタイプ」ということばについて考えましょう。

　　1）「脱〜」とはどういう意味でしょうか。「脱サラ」「脱・出稼ぎ」などのことばから考えてみましょう。

　　2）では、「脱ステレオタイプ」とはどういう意味でしょうか。

[2]「脱ステレオタイプ」について専門家の意見を読んでみましょう。

【グローバルな資質のために】

　　日本人はしばしば単一文化的思考をするといわれてきた。これを打破するのは、ひとつには日本のコンテクストのなかでは特に意味のある「グローバル資質」であろう。しかし、問題は、他国を「アメリカ」「中国」というように単一的に見ていることだけではない。日本の中で、多様性を見出せないでいることが、外にむけても視点の応用が効かないひとつの大きな原因になっていると思われる。自分の足元、地域や社会が一枚岩に見えるのであれば、相手の国だって、フランスであろうと韓国であろうと、一枚岩に見えてしまいがちである。子どもにとって身近な足元の多様性（それは民族・人種、ジェンダー、ライフスタイル、とさまざまな基準によって分類可能であるが）を発見し、尊重する視点がなければ、グローバルな次元で多様性を理解するのは容易なことではない。日本の中での多様性に目を向けない思考法

グローバル（な）: global　　資質: one's nature, one's endowment, one's natural gifts　　単一: single, sole, homogeneous　　思考（する）: thought, thinking　　打破（する）: breakingdown, abolition〈break down, over-throw, abolish〉　　他国: ほかの国　　見出す: discover　　視点: viewpoint, point of view　　応用（する）: application〈apply, put to practical use〉　　効く: be effective, have an effect on　　足元: 自分のすぐそば, one's feet　　一枚岩: monolith　　身近（な）: familiar, close to one　　民族: race, people, nation　　人種: race, ethnic group　　基準: standard　　分類（する）: classification〈classify〉　　尊重（する）: respect, have a high regard for　　次元: dimension　　容易（な）: 簡単な, やさしい

が、国外に持ち出されると、他国をも一枚岩として見てしまい、その国の中の多様性が見えずに、問題を単純化する視点へとつながっていく。

そうした視点から見た場合、日本の中の多様性を発見することが日本の外の多様性を発見することにもなり、日本の外の問題を見ることが、日本の問題を問い直す視点にもなる。

多様な文化を認めていく中には、相手への文化感受性等を高めると共に、ステレオタイプを崩す、というような訓練もある。われわれはえてして、他の文化集団の人々に対して、抱いているステレオタイプや偏見に気づかない。

東京大学の講義で、アメリカの多文化教育の教材を用いて例示した時に、「秘書」「父親」「母親」等、学生に絵を描いてもらったことがある。なかなか多彩な絵でほほ笑ましかったが、ほぼクラス全員が秘書は若い女性、医師は男性……というような絵を描いたのは偶然ではないだろう。

同じことを留学生のグループで試みて、「日本の家族」を描かせたときは、威張ってお酒を飲む父親の絵と、周囲に気遣うことなくテレビゲームに没頭する子どもの絵と、母親だけがいそがしく台所で動き回っている絵が多かった。こうしたイメージの背後にある彼ら、彼女ら日本の男女の関係観は、子ども観はどのようなものであろうか。

問い直す：もう一度質問する　　感受性：sensitiveness, sensitivity, sensibility　　崩す：destroy, demolish
えてして：be apt to, be prone to　　訓練（する）：training　　偏見：prejudice, bias　　例示（する）：give examples　　多彩（な）：colorful, variegated, various　　ほほ笑ましい：heartwarming　　ほぼ：ほとんど，大体
偶然：chance, accident, fortuity　　試みる：try　　威張る：be haughty, stand on one's dignity, put on airs
周囲：まわり　　気遣う：心配する　　没頭（する）：devote oneself (to), be absorbed (in), immerse oneself (on)　　背後：うしろ　　〜観：〜の見方，考え方

学生たちが描いたスケッチの例。左から「秘書」「教師」「運動選手」「医師」「母親」「父親」の絵

（恒吉 僚子「グローバルな資質のために」『小学校英語教育 A to Z vol. 2
国際理解学習早わかりガイド』開 隆 堂、1999 年にもとづく）

1）「単一文化的思考」にはどのような問題がありますか。

2）「単一文化的思考」ではなく多様性に目を向けると、何ができるようになりますか。

3）多様な文化を認めるためには、どのような訓練が必要ですか。

多様性からの出発

日本の中も日本の外も多様です。多様性について、考えてみましょう。

[1] 多様性を認（みと）める場合、良（よ）い点、悪い点はありますか。

良い点	悪い点

[2] 多様性を認めそれを生（い）かすために、専門家がどのような提案（ていあん）をしているか読んでみましょう。

【葛藤（かっとう）から生（う）まれる真（しん）の「グローバル資質（ししつ）」】

　異質（いしつ）な人々が集（あつ）まれば、葛藤はつきものである。しかし、和を尊（とうと）ぶことで知られてきた日本では、葛藤は即（そく）悪いことである、という信条（しんじょう）がかなり広範囲（こうはんい）にあるように思える。比較的同質的（ひかくてきどうしつてき）な集団（しゅうだん）で、価値（かち）も行動（こうどう）スタイルも似ている人々が集まっているならば、葛藤を表面化（ひょうめんか）させないという方法は比較的弊害（ひかくてきへいがい）が少ないのかもしれない。しかし、異質な人々が集まったとき、同質（どうしつ）の人々の前提（ぜんてい）や暗黙（あんもく）の合意（ごうい）が成り立（な）たない時、葛藤が見えることを抑（おさ）え続けようとすることは、かえって問題の本質（ほんしつ）を見えにくくすることになりかねない。一方、葛藤が、それぞれの成長（せいちょう）へと結（むす）びつかず、暴力（ぼうりょく）へと収（しゅう）れんしていったとき、取り返しがつかないことにもなりかねない。多様性を認める中で、いかに葛藤を生産的（せいさんてき）に収れんさせていくかという能力（のうりょく）を身（み）に付（つ）けることも、次世代（じせだい）の子どものグローバル資質のひとつであろう。

（恒吉僚子（つねよしりょうこ）、同書にもとづく）

葛藤（かっとう）（する）：trouble, discord, confliction〈cause trouble give rise to complications〉　　真（しん）の：true, authentic

異質（いしつ）：different in kind, heterogeneous, foreign　　つきもの：inevitable　　和：peace, harmony　　尊（とうと）ぶ：respect　　即（そく）：すぐに　　信条（しんじょう）：principle, belief, creed　　広範囲（こうはんい）（な）：broad, wide-ranging, far-reaching

同質（どうしつ）：same in kind, homogeneous　　行動（こうどう）スタイル：behavioral pattern, behavioral style　　表面化（ひょうめんか）（する）：coming to the surface〈come to the surface, come into the open〉　　弊害（へいがい）：evil, harmful influence, evil effect

前提（ぜんてい）：presupposition, premise, prerequisite　　暗黙（あんもく）：tacit　　合意（ごうい）（する）：mutual agreement〈agree〉

成り立（な）つ：consist of, materialize, be realized　　抑（おさ）える：press down, stop, control, restrain　　成長（せいちょう）（する）：growth〈grow〉　　結（むす）びつく：be related to, link to　　暴力（ぼうりょく）：violence　　収（しゅう）れん（する）：convergence〈converge〉　　取り返（かえ）しがつかない：irretrievable　　生産的（せいさんてき）（な）：productive　　能力（のうりょく）：ability, capability

次世代（じせだい）：next generation

1）「葛藤」とはどのような意味ですか。

2）葛藤を表面化させない方がいいのはどのような場合ですか。

3）葛藤を表面化させた方が問題の解決につながるのはどのような場合ですか。

4）葛藤を生産的に解決する能力はどうして必要ですか。

5）「真の『グローバル資質』」とはどのような資質ですか。

自分の力でやってみましょう

　これから日本や日本人についてどのようなことが知りたいですか。これまでの資料の読み方を参考にして調べましょう。そして自分のことばで情報を整理_{せいり}して、考えたことをまとめましょう。

[1] どのようなことが知りたいですか。自分のことばで具体的に書きましょう。

[2] そのためには、どんな資料が必要ですか。書き出しましょう。

[3] どのように資料を集めますか。方法を考えましょう。

[4] 自分で資料を調べて、情報を整理しましょう。教科書_{きょうかしょ}の最後の参考図書_{さんこうとしょ}も参考にしてください。

[5] 自分の考えをまとめましょう。

参考図書

◎＝ぜひ読んでください．　　☆＝比較的やさしい日本語で書かれています．

日本社会一般

Lebra, Takie Sugiyama and William P. Lebra. 〔1974〕1986. *Japanese Culture and Behavior: Selected Readings* (revised edition). Honolulu: University of Hawaii Press.

Okimoto, Daniel I. and Thomas P. Rohlen, eds. 1988. *Inside the Japanese System: Readings on Contemporary Society and Political Economy*. Stanford: Stanford University Press.

◎ Sugimoto, Toshio. 1997. *An Introduction to Japanese Society*. New York: Cambridge, University Press.

テーマ1 女性の生き方

◎ Imamura, Ann E. 1996. *Re-imagining Japanese Women*. Berkeley: University of California Press.

◎ Iwao, Sumiko. 1993. *The Japanese Women: Traditional Image and Changing Reality*. New York: The Free Press.

H. Stevenson and others. 1986. *Child Development and Education in Japan*. New York: W. H. Freeman.

Lebra, Takie Sugiyama. 1984. *Japanese Women: Constraint and Fulfillment*. Honolulu: University of Hawaii Press.

◎ 東　洋. 1997.『日本人のしつけと教育――発達日米比較にもとづいて』東京：東京大学出版会.

井上輝子他編. 1997.『女性のデータブック』東京：有斐閣.

☆ 坂井博通. 1993.「少子化社会とその後」『子ども学 vol. 2』東京：福武書店. 126–135 頁.

☆ 牧野カツコ. 1993.「働き続ける母親と育児」『子ども学 vol. 2』東京：福武書店. 112–125 頁.

☆ 松井やより. 1996.「北京で燃えた女たち」『岩波ブックレット 391』東京：岩波書店.

◎ 山村賢明. 1993.『家庭と学校：日本的関係と機能』東京：放送大学教育振興会.

労働省婦人局編.『働く女性の実情』大蔵省印刷局.

テーマ2 変わる教育

◎ Amano, Ikuo. 1990. *Education and Examination in Modern Japan*. Tokyo: University of Tokyo Press.

◎ Cummings, William K. 1980. *Education and Equality in Japan*. Princeton, N.J.: Princeton University Press.

Duke, Benjamin. 1986. *The Japanese School: Lessons for Industrial America*. New York: Praeger

Goodman, Roger. （1990）1993. *Japan's 'International Youth': The Emergence of a New Class of Schoolchildren.* Oxford: Clarendon Press.

Goodman, Roger. 1995. *Educating Hearts and Minds: Reflections on Japanese Preschool and Elementary Education.* Cambridge: Cambridge University Press.

Hendry, Joy. 1986. *Becoming Japanese: The World of the Pre-School Child.* Honolulu: University of Hawaii Press.

Passin , Herbert. （1965）1983. *Society and Education in Japan.* Tokyo and New York: Kodansha International.

Peak, Lois. 1991. *Learning to Go To School in Japan: The Transition from School to Preschool life.* Berkeley: University of California Press.

Tobin, Joseph J., David Y. H. WU and Dana H. Davidson. 1989. *Preschool in Three Cultures: Japan, China, and the United States.* New Haven: Yale University Press.

☆ 石田一宏. 1992. 「学校ぎらいにさせないで」『岩波ブックレット 279』東京: 岩波書店.

☆ 今橋盛勝. 1991. 「いじめ・体罰と父母の教育権」『岩波ブックレット 191』東京: 岩波書店.

☆ 横湯園子. 1997. 「いじめ、不登校、暴力」『岩波ブックレット 437』東京: 岩波書店.

テーマ3 若者の感性

☆ 伊奈正人. 2000. 「居場所を探す女子大生」『現代のエスプリ別冊 現代人の居場所』東京: 至文堂. 125–135 頁.

☆ 小浜逸郎. 1998. 「家族の変容と『大きな子ども』」『こころの科学78 中学生はいま』東京: 至文堂. 24–29 頁.

総務庁青少年対策本部編『青少年白書』大蔵省印刷局.

☆ 平野龍一他. 1999. 「座談会 若者たちは今」『現代のエスプリ388 思春期挫折とその克服』東京: 至文堂. 5–27 頁.

☆ 藤村正之. 2000. 「若者と流行」『現代のエスプリ別冊 流行ファッション』東京: 至文堂. 107–117 頁.

☆ 文部省高等教育学生課編. 1999. 「平成 10 年度学生生活調査報告」『大学と学生 No. 427』東京: 第一法規出版.

テーマ4 仕事への意識

Abegglem. J and Stalk. G. 1985. *Kaisha, The Japanese Corporation.* Basic Books Inc.

◎ Aoki. M and Dore. R. 1994. *The Japanese Firm.* Oxford University Press.

☆ 伊藤正直. 1988. 「高度成長から『経済大国』へ」『岩波ブックレット シリーズ昭和史 13』東京: 岩波書店.

☆ 川北隆雄・古賀純一郎. 2000. 「キーワードで読む日本経済」『岩波ブックレット 507』東京: 岩波書店.

☆ 佐高信・高村薫. 2000. 「いやな時代こそ想像力を」『岩波ブックレット 504』東京: 岩波書店.

テーマ5　日本の外国人

DeVos, Geroge and Hiroshi Wagatsuma. 1966. *Japan's Invisible Race: Caste in Culture and Personality.* Berkeley and Los Angeles: University of California Press.

◎ Kajita, Takamichi. 1998. "The Challenge of Incorporating Foreigners in Japan: 'Ethnic Japanese' and 'Sociological Japanese'" in *Temporary Workers or Future Citizens?: Japanese and the US Migration Policies*, edited by Myron Weiner and Tadashi Hanami. Hampshere and London: Macmillan Press. pp. 120–147.

◎ Lee, Changsoo and Geroge A. DeVos. 1981. *Koreans in Japan: Ethnic Conflict and Accomodation.* Berkeley and Los Angeles: University of California Press.

Shimahara, Nobuo. 1984. "Toward the Equality of a Japanese Minority: The Case of Burakumin" *Comparative Education* **20**. pp. 339–353.

◎ 梶田孝道. 1994. 『外国人労働者と日本』東京：日本放送出版協会.

白水繁彦編著. 1996. 『エスニック・メディア』東京：明石書店.

田中宏. 1991. 『在日外国人』東京：岩波書店.

☆ 入管協会. 『国際人流』東京：第一法規出版.

福岡安則. 1993. 『在日韓国・朝鮮人：若い世代のアイデンティティ』東京：中央公論社.

テーマ6　豊かさの意味

☆ 大橋照江. 2000. 「ライフスタイルの多様化と現代消費」『現代のエスプリ別冊　消費としてのライフスタイル』東京：至文堂. 84–94頁.

☆ 暉峻淑子. 1995. 「ほんとうの豊かさとは」『岩波ブックレット388』東京：岩波書店.

その他

白書や国勢調査などの最新のデータは、次のインターネットホームページを見てください。

大蔵省印刷局（Printing Bureau, Ministry of Finance）http://www.pb-mof.go.jp/index.html

総務庁統計局統計センター（Statistics Bureau & Statistics Center）http://www.stat.go.jp/info/index.htm

経済企画庁（Economic Planning Agency of Japan）http://www.epa.go.jp

法務省（Ministry of Justice）http://www.moj.go.jp/index.html

あとがき

　出版にあたって、まず、この教科書の試用版を使った日本語の授業を通して日本社会の多様化についていっしょに考えてくれたAIKOM日本語プログラムの1期生から5期生の学習者のみなさんと、試用版教科書に数々の有益なコメントをくださったAIKOM日本語プログラム非常勤講師の先生方に感謝の意を表したいと思います。また、専門科目と日本語教育のシラバス連携の実現を可能にしてくださった、専門講義科目「日本社会分析」担当の恒吉僚子先生(東京大学大学院教育学研究科)のご理解とご協力に心より感謝いたします。恒吉先生のお励ましなくしては、この教科書は実現しませんでした。この教科書開発のための基礎研究は、文部省科学研究費(基盤研究B)「専門・語学統合カリキュラム・教材開発に向けての組織的日米共同研究」(恒吉僚子代表)の助成によるものです。

　また、出版のきっかけをくださった高田康成先生(東京大学大学院総合文化研究科)に感謝いたします。そして、CD作成にあたってご尽力くださった野谷昭男さん(東京大学教養学部視聴覚教室技官)、イラストを描いてくださった藤村まり子さん、教科書に掲載する写真をご提供くださったみなさまに心よりお礼を申し上げます。最後に、私どもの夢であったこの教科書は、東京大学出版会の羽鳥和芳さん、編集担当の小暮明さん、販売担当の美野貴美さんの熱意とご協力により、より一層具体的な形で実現できました。ほんとうにありがとうございました。

　2001年1月

東京大学AIKOM日本語プログラム

近 藤 安 月 子

丸 山 千 歌

編者略歴

近藤　安月子（こんどう　あつこ）
東京大学大学院総合文化研究科教授。AIKOM 日本語プログラム・コーディ
ネーター。国際基督教大学教養学部卒、コーネル大学言語学 Ph.D.、カンザス
大学専任講師、ハーバード大学専任講師、コーネル大学 Teaching Assistant、
東京外国語大学外国語学部助教授を経て現職。日本語教育関連の出版物では、
Japanese-English Learner's Dictionary（研究社）、English-Japanese Japanese-
English Learner's Pocket Dictionary（研究社）などを執筆・編集。

丸山　千歌（まるやま　ちか）
横浜国立大学留学生センター助教授。国際基督教大学教養学部卒、同大学大
学院比較文化研究科博士前期課程修了。国際基督教大学非常勤助手、東京家政
学院大学、東京医科歯科大学、東京大学 AIKOM 日本語プログラム非常勤講
師を経て現職。

中・上級日本語教科書　日本への招待
テキスト

2001 年 1 月 31 日　初　版
2004 年 9 月 3 日　第 6 刷
［検印廃止］

編　　者　　東京大学 AIKOM 日本語プログラム
　　　　　　近藤安月子・丸山千歌

発行所　　財団法人　東京大学出版会

　　　　　　代 表 者　五味文彦

　　　　　　113–8654　東京都文京区本郷 7–3–1　東大構内
　　　　　　電話　03–3811–8814・FAX　03–3812–6958
　　　　　　振替　00160–6–59964

印刷所　　研究社印刷株式会社
製本所　　株式会社島崎製本

© 2001　　KONDOH Atsuko and MARUYAMA Chika, ABROAD
　　　　　　IN KOMABA, The University of Tokyo
　　　　　　ISBN 4–13–082005–2　Printed in Japan